hänssler
BIOGRAPHIE

ROLF SCHEFFBUCH

Ludwig Hofacker
Vor allem: Jesus!

Rolf Scheffbuch war als Pfarrer in Jugend- und Gemeindearbeit tätig und trug lange Jahre in verschiedenen Funktionen Verantwortung für Kirche und Evangelisation. Als Vorsitzender der Ludwig-Hofacker-Vereinigung lebt der ehemalige Prälat in Korntal bei Stuttgart.

hänssler-Paperback
Bestell-Nr. 392.928
ISBN 3-7751-2928-6

© Copyright 1998 by Hänssler-Verlag, Neuhausen-Stuttgart
Umschlaggestaltung: HKS-Repro
Titelfoto: Alte Lithographie aus »Predigten von Ludwig Hofacker« 1831
Satz: AbSatz Ewert-Mohr, Klein Nordende
Druck und Bindung: Ebner Ulm

INHALT

Vorwort 7

I. Jesus – das große Thema bei Ludwig Hofacker 9

II. Hofacker und seine Zeit 11

III. Das war Hofacker – einige Streiflichter 18

IV. Entdeckungen bei Hofacker 29
    a. Hofacker trug keine Scheuklappen 31
    b. Hofacker brauchte als Christ Gemeinschaft 40
    c. Hofacker war überaus kritisch gegen sich selbst ... 48
    d. Hofacker als Beter 55
    e. Hofacker und die Bibel 59
    f. Hofacker wollte nicht als Märtyrer
       bemitleidet werden 63
    g. Hofacker als Pfarrer 66

V. Die große Entdeckung Hofackers 72

VI. Wenn man Menschen zum Heiland locken will 80

VII. Hofackers Leben in Kurzdaten 86

Literatur... 89
Bildnachweis 91

M. Ludwig Hofacker,
Pfarrer in Rielingshausen,
geb. d. 15. April 1798 gest. d. 18. Novbr. 1828.

Ebr. XIII.7

Vorwort

Meine Geschwister und ich durften der Mutter Hofackerpredigten vorlesen. Meist dann, wenn sie die Riesenstapel Wäsche einer kinderreichen Familie bügelte.

Wie sehr Hofacker'sche Gedankengänge und seine Botschaft mich damals schon geprägt haben, ist mir erst jetzt klar geworden. Dank dem Verleger Friedrich Hänssler, dass er mich bat, dies Buch zusammenzustellen.

An und für sich haben Ako Haarbeck, Erich Beyreuther und Werner Raupp Erhellendes genug über das kurze Wirken von Ludwig Hofacker zusammengetragen. Aber eine neu heranwachsende Generation junger Christen ist versucht zu meinen: Was geht mich diese Gestalt von vorgestern an!

Dabei hat der lebendige Jesus diesem kränklichen Vikar und Pfarrer einen Weckruf anvertraut, der immer aktueller wird.

Von Heilungen und wunderbaren Gebetserhörungen erfuhr Hofacker persönlich eigentlich nichts. Aber Jesu Kraft war in dem durch und durch Schwachen mächtig.

»Erweckungspredigt«, »Evangelisation« und das »Wort vom Kreuz« sind heute noch mehr als in den Tagen Hofackers umstritten. Ob nicht gerade darin die erschreckende Ohnmacht der heutigen Christenheit besteht? Hofacker und seine Freunde haben die erweckliche Predigt vom gekreuzigten Jesus als Gotteskraft erfahren, die eine ganze Region für lange Jahrzehnte prägte. Hofackers Mahnruf, nicht frommer sein zu wollen, »als Jesus uns haben will«, hat nicht nur eine Spitze gegen Bigotterie; denn schließlich gibt es auch »selbsterwählte Frömmigkeit« dort, wo Menschen dekretieren, wie heute Christsein sich zu bewähren habe.

Hofacker wollte bewusst »einseitig, ganz einseitig«, nämlich ganz »auf der Seite Jesu Christi« sein. Für uns Heutige hat »Einseitigkeit« einen ekligen Beigeschmack bekommen. Wer will denn schon als »einseitig« eingestuft werden?!

Aber offenkundig – das ist bei Hofacker zu lernen – gibt es auch eine heilige Einseitigkeit, die mehr Zukunft hat als alles Hinken auf beiden Seiten.

Es gibt nicht wenige, die gerade heute an Hofacker herummäkeln, er habe doch viel zu wenig die politisch-soziale Dimension des Christseins im Auge gehabt; für das, was Kirche sei, zeige sich bei ihm kein Verständnis. Weit gefehlt! Da ist Hofacker noch nicht im Entferntesten verstanden. Auch im Blick auf diese Bereiche galt es bei Hofacker: »Der Heiland ist's, der alles macht!« Nicht aber menschliche Treiber! »Vom Mittelpunkt des neuen Lebens, von dem gekreuzigten Jesus Christus, gehen alle Bewegungen und Regungen aus, auf diesen Mittelpunkt führt alles zurück.«

Als junger Student habe ich einst in den USA gelernt: »Jeder Autor ist so eitel, dass er eigentlich schon im Vorwort all das sagt, was nachher im Buch steht.«

Das ist hiermit geschehen.

Rolf Scheffbuch, Korntal
Vorsitzender der Ludwig-Hofacker-Vereinigung
zum 200. Geburtstag von Ludwig Hofacker
am 15. April 1998

I. JESUS – das große Thema bei Ludwig Hofacker

»Jesus!... Dieser Name ward dem Heiland nach dem unmittelbaren Willen Gottes gegeben. Der Vater wollte, dass sein menschgewordener Sohn Jesus heißen, dass er als Jesus dreiunddreißig Jahre lang leben, als Jesus sterben, als Jesus auferstehen, als Jesus gen Himmel fahren, als Jesus sich zu seiner Rechten setzen, als Jesus angebetet werden sollte; dass sich im Namen Jesu beugen sollen alle Knie derer, die im Himmel und auf Erden und unter der Erde sind; es war des Vaters Wille, dass man den, den er in die Welt gesandt hatte, den er zur Errettung der sündigen Menschheit herausgegeben hatte aus seinem Herzen als sein größtes Kleinod, dass man diesen sollte Jesus nennen und am Namen Jesus erkennen in allen Ewigkeiten...

Es ist eine eigene Sache um die Namen. Durch die Namen unterscheidet man die Menschen voneinander... Darum hat auch der, welcher zur Errettung einer gefallenen Sünderwelt gekommen war, einen Namen angenommen, damit jedermann sogleich erkenne, von wem die Rede sei, wenn der Name Jesus ausgesprochen wird...

Unsere Namen sind meistens ohne Bedeutung und Kraft, bloße Unterscheidungszeichen; die Namen des Sohnes Gottes aber im Alten und Neuen Testamente sind voll Kraft und voll Leben, voll Klarheit und Wahrheit... Jesus! Man kann das Wörtlein wohl ins Deutsche übersetzen, aber nicht ausschöpfen. Es heißt: Heiland, Seligmacher, Erlöser, Erretter oder wie du willst. Alles dies, und noch weit mehr liegt im Namen Jesus. Es bedeutet den Freundlichsten und Holdseligsten unter den Menschenkindern. Es bedeutet den

Schönsten unter den Menschenkindern; es bedeutet den weltbekannten Sünderfreund, der selbstgerechten Tugend Feind; es bedeutet... den Wunderbaren, den, der Rat, Kraft, Held, Vater der Ewigkeiten, Friedefürst heißt... Es liegt ein Abgrund göttlicher Erbarmungen darin... Alle die Lobgesänge der Ewigkeit werden sich zusammenfassen lassen in dem Worte ›Jesus‹. Großer Name! Anbetungswürdiger Name! Er ist eine ausgeschüttete Salbe voll köstlichen Wohlgeruchs für arme, für elende, für in sich verlorene Menschen, für Leute, die den Höllengestank der Sünde und des Teufels lange genug eingeatmet haben. Es ist Lebensluft in diesem Namen, himmlische Lebensluft! Jesus heißt unser Gott und Heiland, Hallelujah!«[1]

---

[1] Predigten S. 103 ff.

II. Hofacker und seine Zeit

Es war eine turbulente Zeit. Napoleon Bonaparte hatte als französischer Kaiser fast ganz Europa regiert. Eine totale Neuordnung Europas war sein Ziel. Fast hatte er sie erreicht. Aber dann hatte sich das Blatt gewendet. Schließlich war der mächtige Herrscher ins ferne Exil auf St. Helena verbannt worden.

In Württemberg regierte 1787 - 1816 der »dicke Friedrich« – zuerst als Herzog, dann als Kurfürst, schließlich als König »von Napoleons Gnaden«. Mit eiserner Faust beherrschte er sein Land, das um Hohenlohe, um »Oberschwaben« und um die ehemals »freien« Reichsstädte erweitert worden war; Württemberg hatte sich mit einem Mal fast ums Doppelte vergrößert.

Im Kinderabzählreim »Kaiser, König, Kurfürst, Prälat, Edelmann, Bettelmann, Bauer, Soldat« stand der Soldat sogar noch hinter dem Bettler. Der Soldat war der »Letzte, den die Hunde bissen«. Von den 16 000 Soldaten des württembergischen Kontingents in den Armeen Napoleons waren nur 300 zurückgekommen. Die anderen waren elend im russischen Winter umgekommen, besonders beim verlustreichen Übergang über die Beresina. König Friedrich hatte unter seinen Vorbildern auch den römischen Schreckenskaiser Nero. Der in seiner Körperfülle harmlos scheinende Friedrich setzte Württembergs bisherige gute Verfassung kurzerhand außer Kraft. Der Ruf »der König kommt!« löste Schrecken aus, keine Begeisterung. So war es etwa auch damals, als der Herrscher unversehens zum Blitzbesuch in das alte Klosteranwesen Maulbronn kam. Die Seminaristen mussten sich zum Spalier aufstellen, als der König auf seinem von Pferden gezogenen Muschelwagen vorfuhr. Einer in der bange zitternden Ehrenformation war auch der spätere Erweckungsprediger Hofacker.

Wer dem König in die Quere kam, den bestrafte er unnachsichtig. Sogar seinen Sohn, den späteren König Wilhelm I. (1781-1864), schlug er eigenhändig so brutal, dass ihm der Kopf verbunden werden musste.[2] Den in ganz Stuttgart hoch geachteten Seelsorger Christian Adam Dann (1758-1837), beim Regenten jedoch in Ungnade gefallen, schickte er auf die entlegene Pfarrei Öschingen. Im Gegenzug erhob er den Öschinger Pfarrer Karl Friedrich Hofacker (1758-1824) zum Dekan des »Amtes Stuttgart«.

Offenbar war dem König dieser Pfarrer »von riesenhafter Muskulatur« lieber. Der setzte auch mit Schwung die tausenderlei neuen Gesetze und Erlasse des Königs in die Tat um. Auch der Herr Amtsdekan konnte, gleich dem berserkerischen Herrscher, knurren wie ein »numidischer Löwe«. So hatten sich einmal zwei junge Lehrer schüchtern beim Dekan vorgestellt. Weil sie nicht recht wussten, ob sie sich nach den paar gewechselten Sätzen zurückziehen sollten oder dürften, fragten sie demütig: »Geruhen Sie, Hochwürden, noch etwas zu wünschen?« Da brüllte der Dekan: »Nichts als Subordination [unterwürfigsten Gehorsam]!«[3]

Das war das Klima, geprägt vom frostigen König. Da war es kein Wunder, dass sich viele Schwaben mit Ludwig Uhland nach dem »guten alten Recht« sehnten. Aber der heranwachsenden Generation war das noch viel zu wenig.

Sie wollte *mehr!* Sie war aus auf umfassende Freiheit! »Freiheit«, das hatte die Französische Revolution (1789) zusammen mit »Gleichheit und Brüderlichkeit« gewollt. Aber stattdessen waren Tausende von unschuldigen Menschen in einem Meer von Blut umgekommen.

Jetzt aber war »Freiheit« noch einmal zur Parole geworden: Freiheit für Burschenschaftler und für andere Studenten! Freiheit von einem pedantischen Joch, das schon im Schulwesen jeder Bürger hart

---

[2] Enslin S. 1
[3] Zitate nach Knapp, S. 5, 9, 10

zu spüren bekam! Freiheit auch für theologisches Denken, selbst wenn es über die Grenzen von Bibel und Bekenntnis hinausführen sollte! Freiheit für den Bürger und auch Freiheit für die unter osmanische Herrschaft versklavten Griechen!

Freiheit ersehnte auch der württembergische Kronprinz Wilhelm. Als ihm die Verbindung mit seiner Geliebten Therese Abel untersagt wurde, floh er mit der Schwangeren nach Frankreich – und trennte sich dort wieder von ihr. Um nicht in die Netze napoleonischer Heiratspolitik eingefangen zu werden, heiratete er 1807 kurzentschlossen die bayrische Prinzessin Charlotte, ließ aber schon 1809 diese Ehe wieder auflösen. Zwei weitere Ehen folgten: die Verbindung mit Großfürstin Katharina von Rußland war nach außen hin intakt, obwohl der fürstliche Ehemann »gerne Frauenreizen huldigte«.[4] Nach Katharinas Tod (1819) heiratete Wilhelm I. die fromme Herzogin Pauline von Württemberg, seine Cousine; diese Ehe wurde zur Tragödie. Glücklich, wenn überhaupt, war Wilhelm I. nur mit der Schauspielerin Amalie Stubenrauch. Zwar hatte sich Wilhelm I. vom Joch des Vaters und der üblichen Moral befreit, aber das hatte seinen Selbsterhaltungswillen bis an die Grenze der Selbstüberschätzung gesteigert. Sein Gemüt war durch den frühen Liebesentzug bleibend geschädigt. Daraus konnte keine Freiheitssehnsucht herausführen. »Das ist der Fluch der bösen Tat, dass sie fortzeugend immer Böses muss gebären« (Schiller).

Freiheit von kirchlichen Dogmen und von christlicher »verstaubter Moral« hatte die Aufklärungsphilosophie angestrebt. Jesus galt höchstens noch als »ehrlicher Schwärmer und guter Mensch, der nur die Schwachheit hatte, von sich reden machen zu wollen« (Voltaire). Der aufklärerische Vordenker Jean Jacques Rousseau (1712-1778) hatte den Ausverkauf christlicher Werte mit Pauschalbehauptungen kaschiert. Er gab es als allgemeine »Zivilreligion« aus, dass schließlich doch alle Menschen irgendwie an irgendein göttliches Wesen glaubten, an ein irgendwie geartetes Weiterleben der Seele nach dem Sterben und an irgendeine Bestrafung aller Bösen samt irgendeiner Belohnung der Guten.

---

[4] Enslin, S. 3

Diese platt-naive Vernunftgläubigkeit war jedoch durch die notvollen Umwälzungen der napoleonischen Kriege ins Wanken geraten. Jetzt wurden wieder Gott[5] und auch der Böse ins Spiel gebracht: War Napoleon von Gott zugelassen worden oder war er gar von Gott als Strafrute gesandt worden? War Napoleon etwa die Verkörperung des radikal Bösen gewesen?

Welch eine turbulente Zeit – überreich an weltverändernden Ereignissen sowie an Umwälzungen in Philosophie, Theologie und Moral! Als wachen Zeitgenossen befremdete Ludwig Hofacker vor allem die menschliche Abgebrühtheit. Er konnte seine »laue, schläfrige Zeit« beklagen; »wo man die Augen kaum aufgetan hat, so fallen sie einem schon wieder zu, wie den Jüngern in Gethsemane.«[6]

Offenbar ist dies menschliche Eigenart zu allen Zeiten: Nach kurzem Erschrecken kann der Mensch erstaunlich rasch wieder zur Tagesordnung übergehen.

Eine schläfrig-treuherzige Ausgleichstheologie war entstanden. Diese versuchte, Jesus und seine Lehre als vernünftig darzustellen. Sie war liebenswert fromm – im Unterschied zur eiskalten, zerstörerischen Aufklärungstheologie. Bezeichnend für sie ist etwa das bis heute bekannte Kinderlied des Thüringer Theologen Wilhelm Hey (1789-1854): »Weißt du, wieviel Sternlein stehen..., Gott der Herr hat sie gezählet... kennt auch dich und hat dich lieb!«

Was sollte denn daran falsch sein? Wie kam denn der junge Stuttgarter Vikar Ludwig Hofacker dazu, diese neue, gutartige Entwicklung schroff zu kritisieren? Er konnte sagen:

> *»Es ist mir recht elend zumute, wenn ich in diese neologische Zeit hineinblicke. Sehe ich nach Tübingen, ach, was ist denn das! Ein Teil der Professoren streitet gegen den Heiland, ein anderer Teil kämpft für ihn, und wollen ihn dem Fleisch und der Vernunft erträglich machen, und ihn so hinstellen, dass der Teufel mit ihm zufrieden sein soll.«*[7]

[5] vgl. Knapp, S. 248
[6] Knapp, S. 136
[7] Knapp, S. 310

Hofacker und seine Freunde wollten wachrütteln. Damals dichtete Christian Gottlob Barth (1799-1862), Hofackers Freund, die Strophe:

»Weck die tote Christenheit
aus dem Schlaf der Sicherheit,
dass sie deine Stimme hört,
sich zu deinem Wort bekehrt,
erbarm dich, Herr!«

Hofacker selbst fühlte sich dazu gedrängt, die »Lügen zu entlarven«. »Weil sie so viele verführen, darum zeuge ich gegen die hohen Geister unserer Zeit.« Er wollte nicht abwarten, bis möglicherweise bessere Zeiten kommen würden. Er sah, wie der Geist der Zeit alles durchdrungen und alle angesteckt hatte: »Magister, Schreiber [Verwaltungsbeamte], Doktoren und Pfaffen«, ja sogar Bauern und Soldaten.[8]

Um seelsorgerliches Wecken ging es Hofacker, nicht um Theologenschelte, als er in seiner Antrittspredigt in Rielingshausen (1826) sagte:

»Von Natur sind wir nicht mehr Kinder Gottes, sondern Kinder des Zorns, – von der Sünde, vom satanischen Element durchzogen... Ich weiß wohl, dass dieses nicht die Lehre der Neuerer und falschen Propheten ist; denn diese sucht die hochmütigen Menschen nur einzuwiegen in falsche Sicherheit und fleischliche Ruhe, damit sie doch ja nicht zu sich selber kommen, noch bedenken, was zu ihrem Frieden dient. Man hat deswegen in neuerer Zeit die unerhörte Lehre aufgebracht, dass alle Menschen von selbst Kinder Gottes seien und von Natur Ansprüche haben an das Reich Gottes, – ja sogar, dass gerade dieses der Hauptvorzug der Lehre Christi sei, dass er alle Menschen ohne Unterschiede lehre, Gott sei ihr Vater und sie samt und sonders seine Kinder – nein, nein! So wird vom

---

[8] Knapp, S. 309

> Heilande das Reich Gottes und das Reich des Teufels nicht miteinander vermengt! – Ich fühle mich zu der Erklärung gedrungen, dass dieses lauter antichristliche, verfluchte Lügen sind, und bezeuge vielmehr vor dem Herrn Jesus das gerade Gegenteil.«[9]

Schon 1823 hatte er seinem Freund geschrieben:

> »Ich mache die Erfahrung, dass gerade dieses der faule Fleck unserer Zeit ist: man kennt sich nicht mehr, noch seine vollkommene Dependenz [Abhängigkeit] von Gott und hat keinen Schrecken vor ihm; man fürchtet ihn nicht mehr, sondern die Herren Philosophen haben uns mit ihren elenden Firlefanzereien die Augen verklebt, so dass die Majestätsrechte des lebendigen Gottes von diesem elenden Geschlecht nicht mehr erkannt werden. Man weiß es nimmer und leugnet es, und es fällt gar nicht mehr in den Bereich der Gedanken der jetzigen Welt, dass der Herr, unser Gott, ein verzehrend Feuer ist, ein Gott, welcher Leib und Seele verderben k a n n, und, so wir nicht zur geoffenbarten Liebe fliehen, verderben w i r d in die Hölle, wo Heulen ist und Zähneknirschen. – Sind dieses doch die Worte der ewigen Wahrheit selber! Aber unser empörtes und doch so entnervtes Geschlecht lässt das, was die einzige Liebe und Wahrheit mit so großem göttlichem Ernste gesprochen hat, nicht mehr gelten. Sondern Christus wird in den Sumpf der Gleichgültigkeit und Lauheit dieser Zeit herabgezogen, und sie sprechen dann: Hoja, nun haben wir unseren Gott...
> Ach es wäre alles recht, ich wollte alles ganz gemütlich ansehen, was in dieser bewegten Zeit gelispelt, geredet und geschrieben wird, wenn Satanas gebunden wäre. Dieweil aber dieser Lügenmeister noch auf dieser jämmerlichen Erde haust, kann ich nichts sagen als: Der Barmherzige bewahre uns doch vor aller fremden Kraft und vor allem Irrtum, der wahrlich

---

[9] Knapp, S. 218 f

kein gewöhnlicher sein wird in dieser letzten Zeit, weil, wenn es möglich wäre, auch die Auserwählten dadurch könnten verführt werden.«[10]

Wie muß man sich diesen kämpferischen Hofacker vorstellen? Etwa so, wie Luther auf manchen Denkmälern dargestellt ist, trutzig bekennend: »Hier stehe ich, ich kann nicht anders, Gott helfe mir, amen!«? Oder wie Calvin mit seinen stechenden und blitzenden Augen? Oder wie den hageren Bußprediger Savonarola? Oder wie den württembergischen Pfarrer Paul Schempp (1900-1955), dem vor Zorn die Stimme bebte und die Tränen in die Augen traten, wenn er auf die laue Christenheit zu sprechen kam?

Die uns erhaltenen Lithographien zeigen einen jünglingshaften Theologen, der als Zeichen seiner philosophischen Magisterwürde das schwarze Samtkäppchen trägt. Darunter zeigt sich ein lockiger Haarkranz. Die Arme sind verschränkt. Die Augen im wohlgestalteten Gesicht blicken in die Ferne. Wer war er, dieser junge Mann?

---

[10] Knapp, S. 136 ff.

III. Das war Hofacker – einige Streiflichter

Der hünenhafte Vater Hofacker nannte seinen Sohn Ludwig »mei gut's Mändle«. Das klang liebevoll und war doch zugleich etwas geringschätzig; denn Ludwig schien nicht so begabt zu sein wie der ältere Bruder Carl und der jüngere Maximilian. Die beiden nannten ihren »Louis« auch – in Abwandlung der väterlichen »Mändlesbezeichnung« – den »Mändes«. Der im April 1798 in Wildbad Geborene wuchs zusammen mit seinen Brüdern in Gärtringen (ab Herbst 1798) und in Öschingen (ab 1811) auf.

Nach Maximilian wurde noch ein Bruder Wilhelm geboren; drei weitere Brüder starben schon als Säuglinge.

Bis zu seiner Konfirmation, die 1812 noch in Öschingen stattfand, war der vom eigenen Vater unterrichtete Ludwig eigentlich zur Ausbildung als Schreiber [württembergischer Verwaltungsbeamter] vorgesehen. Aber ihn zog es zum Pfarrberuf. Darum ließ ihn der Vater das von Rektor Mag. Reuß geleitete Pädagogium in Esslingen besuchen. Dort bekam Hofacker eine gute Ausbildung. So konnte er 1813, bei der Aufnahme in das Seminar Schöntal, in eine Promotion (Jahrgang) aufrücken, die schon ein Jahr zuvor die Seminarzeit begonnen hatte.

Aus der Erinnerung an die damalige Zeit schildert ihn Albert Knapp, der ihm zu einem seiner engsten Freunde wurde, so: »Ein wahrhaft prächtiger Mensch, kraftvoll und einer Zeder gleich gewachsen. Ein schönes, römisch gebildetes Haupt mit der regelmäßigen Nase, den redlichen blauen Augen, der schönen offenen Stirne, von reichem kastanienbraunem Gelock bis auf den Nacken überwallt, eine zwar etwas wilde und ungenierte, aber achilleusartige

Erscheinung, die ein lustiges, argloses Wohlsein um sich her verbreitete.«

Auch an das andere erinnerte sich Knapp: »Seine ungezügelte Kraft, vereint mit einer durchaus harmlosen, unverwüstlichen Heiterkeit, machte ihn zum Liebling seiner Jugendgenossen« ... »Hofacker war einer der Lustigsten und Ungebundensten ...; er hatte die ausgezeichnete Gabe, andern ohne Absicht zu imponieren, auf sie denjenigen Eindruck zu machen, den solche Menschen allemal zu machen pflegen, welche die Natur zu Stimmgebern und Anführern erkoren hat.«[11]

Keiner der Seminaristen schob beim abendlichen Kegelspiel in der Vorhalle des klösterlichen Seminars Maulbronn, wohin die Schöntaler Promotion 1814 aufgerückt war, die Kugel so treffsicher wie »der Louis«. Die Seminarlehrer gaben ihm 1816 das vieldeutige Abgangszeugnis mit: »Er ist zu allem fähig.«

Von 1816 bis 1820 wurde das ehrwürdige Tübinger »Stift« der Promotion Hofackers zur Heimat. Die beiden ersten Jahre galten vor allem der philosophischen Ausbildung. Sie wurde abgeschlossen mit dem »Magister«-Examen, das etwa dem heutigen Abitur entspricht.

Als Tübinger Stiftler schloss sich Hofacker der Studentenverbindung »Solidia« an. Sie hatte sich zum Ziel gesetzt, alles andere als solide zu sein. Hofacker war es dort wohl als »Bruder Lustig«, wie man ihn nannte. Die Biergelage waren ihm wichtiger als das Studieren – und das in den Hunger- und Notjahren 1816/17! Karzerstrafen, Entzug der Stifts-Weinportion und belastende »Einträge« (»anhaltender Wirtshausbesuch«; »Verdacht auf Trunkenheit«) finden sich in Hofackers Stifts-Personalakten ebenso wie die Charakterisierung »eitel« und »etwas anmaßend«.

1818 jedoch veränderte sich Hofackers Leben schlagartig. Bis in seine Gestalt hinein war das spürbar. Die einst »imponierende Jünglingsgestalt« ging »gedämpft« einher, die Erscheinung war »mild«. Die »innere Flamme war nicht erloschen, aber von fremdem Feuer gereinigt, umgewandelt, geheiligt«.

---

[11] Knapp, S. 41 f.

Mit Hofacker war eine Veränderung vorgegangen. Mitbeteiligt daran war sicher auch der ernste und später schwer gemütskranke Bruder Maximilian; er hatte seinem »Louis« ins Gewissen geredet.

Albert Knapp berichtete: »Scharf abgetrennt von seinen bisherigen Kumpanen ging er dahin, einen tiefen Ernst auf seiner sonst so offenen Stirn. Doch sanft, mildfreundlich und traurigfroh gegen jedermann.«

Im Tübinger Stift hieß es: »Denkt doch, der Hofacker ist ein Pietist geworden!« Das war so etwa das Schlimmste, was man schon im letzten Jahrhundert einem Theologen bescheinigen konnte.[12]

Ludwig war in der Tat auf der Suche nach neuem Leben. Mitten in einer Zeit, die so viel von »Freiheit« faselte, wollte er kein Sklave der Sünde bleiben. »Sonst kann ich anderen Menschen keine Freiheit verkündigen!« Ein »rechter Pfarrer« zu werden, das wurde sein Ziel. In der Folge »taumelte« er, wie er später bekannte, »an Abgründen von Schwärmerei« entlang. Er lebte wie ein Asket. Seinen Körper kasteite er. Essen und Trinken schränkte er so sehr ein, dass er später seine körperliche Schwäche mehr darauf zurückführte als auf den studentischen Alkoholkonsum.

Im abgelegenen Holzmagazin des Stiftes betete er stundenlang, am Tag und in der Nacht. Der Freund Knapp sah ihn, wohl etwas übertrieben, so: »Der immer weiter strebende Sinn stand mit Lichtzügen auf seinem edlen Angesicht«; sein Haupt war »wie von himmlischer Weihe beglänzt«. Anderen Studenten jedoch kam Hofacker gerade in jener Zeit »düster und trüb« vor; von »heiligem Ernst« auf seiner Stirn sahen sie nichts. Sie wollten ihn zurückgewinnen als einen, der doch »zum Anführer geboren war«. Darum ließen sie ihn wissen: »Ein Mann deiner Art darf für die sich fortentwickelnde, zur Freiheit voranschreitende Menschheit nicht verloren gehen!«[13]

Es war, als wenn Hofacker taub gewesen wäre für diese Verlockungen. Zum Streiten mit den ehemaligen Freunden war ihm die Zeit zu schade.

---

[12] Zitate bei Knapp, S. 51 f.
[13] Knapp, S. 64 ff.

Obwohl ihn das Theoretisieren des Studienbetriebes anwiderte, vertiefte er sich in theologisches Arbeiten. Schlagartig verbesserten sich seine Zeugnisse. Vor allem widmete sich Hofacker dem Studium der Bibel. Eine auffallende Gelassenheit sprach aus ihm, wenn er unter den Stiftsstudierenden an der Reihe war, am Sonntagnachmittag die Predigt im Speisesaal zu halten. Man vergaß dabei, dass jene Mini-Kanzel den Spottnamen »Krautstande« trug; denn »er war auf jener Kanzel eine merkwürdige Erscheinung, wenn er mit seinem feurig-freien Zeugnis für den Sohn Gottes auftrat. Die Rede quoll stromgleich hervor, so dass man wohl fühlte, welch heiliger Ernst ihn beseelte«.

In Hofackers Abgangsjahr 1820 wurde ihm vom Tübinger Predigerinstitut bescheinigt, die Predigt sei »mit klangvoller und beweglicher Stimme« vorgetragen worden; sie sei »gut aufgebaut« gewesen und »dazu geeignet, die Herzen zu bewegen«; »auswendig und frei« sei sie gehalten worden. Obwohl Hofacker in seinem Jahrgang nur als der »Neunte« eingestuft war, wurde ihm eine Stelle als Repetent [Mentor im Stift oder in einem der Seminare] in Aussicht gestellt.

»Das ist ein blühender, starker Mann; so wollte ich auch aussehen!« So hatte ein Student gedacht, als er am 18. August 1820 an der Burse, dem damaligen Klinikum, Hofacker begegnete. Doch schon einen Augenblick später lag Hofacker, von einer Ohnmacht niedergestreckt, am Boden. An einem Blitzableiter hatte er sich im Fallen eine tiefe Schädelverletzung zugezogen, die stark blutete. Eine Schädelöffnung schien notwendig, da sich der Verletzte in heftigen Krämpfen wand. Erst nach und nach kam das Bewusstsein wieder. Zurück blieben jedoch eine allgemeine Mattigkeit, eine unerklärliche Reizbarkeit und Schwäche des Nervensystems und vor allem eine quälende Darmträgheit. Davon wurde Hofacker auch nicht erlöst, als der Baseler Missionar Graf Felician Zaremba kniend an seinem Krankenlager betete.

Am Krankenbett hielt die Mutter aus, zuerst in der Krankenstube des Stifts, dann ab 6. September 1820 im Dekanshaus an der Stuttgarter Hauptstätterstraße. War das ein Auszug aus dem Studium! Anstelle einer fröhlichen »Kandidatenfuhre« oder einem ausgelassenen Ausritt nun der Krankentransport hinein in eine ungewisse Zukunft!

Der so plötzlich Niedergestreckte lag meist schweigend auf seinem Bett, jedoch »mit liebevoll-umflorten Blick« unter dem dick verbundenen Schädel. Ein Anblick zum Erbarmen!

Drei Monate später versuchte der Geschwächte, den Pfarrdienst als Vikar aufzunehmen, zuerst vom 4. bis zum 20. November 1820 in Stetten/Remstal; dann wurde er als Krankheitsstellvertreter nach Plieningen gerufen. Von dort schrieb er in einem Brief: »Die Leute machen viel aus mir, wozu mir mein Äußeres nicht wenig zustatten kommt.« Aber eben auch: »Ich bin sehr schwach und elend; der Körper hat abgesponnen!«

Weder der geschwächte Körper noch auch die reizbaren Nerven waren den Herausforderungen des Dienstes im großen Pfarrdorf Plieningen gewachsen. Immer wieder zwangen Schwächeanfälle zu Unterbrechungen des Einsatzes.

Ab Frühjahr 1821 wurde Hofacker jede Tätigkeit unmöglich. Er seufzte: »Hat der Heiland mich zum alten Eisen geworfen, lebenslang aus seinem Arbeitsjoch ausgespannt?!« Von der Mutter gepflegt kam er sich vor »wie ein Kind in der Wiege«, noch schlimmer: »als einer, der bei lebendigem Leib als Toter umhergehen muss.«

Der Arzt hatte ihm anhaltendes Beten und wissenschaftliches Arbeiten verboten. »Seine Krankheit warf sich, aus dem Unterleibe entsprungen, vornehmlich auf die innersten Organe des Kopfes. Überall sollte er den Sonnenschein vermeiden. Allein im Schatten konnte er seine zitternden Nerven beschwichtigen.« »Dabei konnte er bisweilen eine blühende Gesichtsfarbe zeigen und in leichterem Unterhaltungston munter erscheinen.«[14] So schilderte es der Freund Albert Knapp. Er war in jenen eineinhalb Jahren der Krankheitszeit Ludwigs als Vikar in Gaisburg und in Feuerbach tätig.

War der Zusammenbruch am 18. August 1820 nur die Folge eines Sonnenstichs gewesen? Oder war es etwa ein epileptischer

---

[14] Knapp, S. 121

Anfall? Jedenfalls war Hofacker vom März 1821 bis Spätherbst 1822 unfähig zu jeder geistigen Beschäftigung. Für die Nervenschwäche wurde die Ursache vermutet in der quälenden Darmträgheit. Der damals angesehene Calwer Arzt Dr. Zahn verordnete anhaltendes, heftiges, tägliches Abführen. Die Einläufe schwächten den Körper erst recht. Hofacker tat das Wasser des Cannstatter Sauerbrunnens wohl; fast zu viel trank er davon.

Als sich im Spätherbst 1822 der Gesundheitszustand Hofackers merklich besserte, wurde er im Januar 1823 vom Konsistorium zum Krankheitsvikar seines Vaters bestellt. Dieser I. Pfarrer an der Stuttgarter Leonhardskirche und Dekan für das »Amt Stuttgart« [also für die Gemeinden um die Stuttgarter Innenstadt herum], ein Mann von athletischer Gestalt, war von einem Schlaganfall niedergestreckt worden, an dessen Folgen er 1824 starb.

Nicht ganz zwei Jahre lange dauerte dann die Predigertätigkeit Ludwig Hofackers in Stuttgarts Leonhardskirche.

Sonntäglich besuchten Tausende von Menschen aus dem weiten Umkreis Stuttgarts diese Gottesdienste. Aus eigenem Erleben schildert der dichterisch beschwingte Freund Albert Knapp den Verkündiger:

> *»Ein ernster, leidender Zug ging durch sein edles Angesicht, dem man die Trübsalsprobe wohl ansah ... Das Gedruckte ist nur ein schwacher Widerhall dessen, was damals aus seinem Munde ging, so wie sich eine Silhouette (Scherenschnitt) von einem lebendigen Antlitz unterscheidet. Sein Auftreten war ruhig, einfach und durchaus freundlich, so wie wenn eine Wolke daherschifft und still ihres Weges zu ziehen scheint. Allein bald begann es aus dieser Wolke zu wetterleuchten und gleich die umfassende Disposition [Ankündigung des Themas und seiner Unterteile] ... ließ wohl ahnen, dass es hier nicht ohne ein mächtiges Zeugnis von Christus abgehen werde. Das geschah denn auch in steigendem Maß ... Ich musste mich immerfort besinnen: ›Ist denn dies mein alter Louis?‹ ... Es lag eine Inbrunst, ein hinreißendes Feuer der Wahrhaftigkeit und einer seligen Lebenserfahrung in seinem Zeugnis ... – Hof-*

acker predigte vielleicht nach der Form etwas zu lang. Aber sein Feuer ermüdete nicht bis zum Schluss... Ich erinnere mich noch, wie er den Hauptsatz ›einen s o l c h e n Hohenpriester müssen wir haben!‹ zuerst den Gegenüberstehenden gewaltig zurief. Dann wandte er sich feierlich, nach einer Pause, zu denen zur linken Hand und wiederholte voll mächtigen Nachdrucks dasselbe Wort. Hierauf ebenso denen zur Rechten, so dass es einem ganz fühlbar ward: Diese Leute sagen innerlich alle: Ja und Amen – denn sie m ü s s e n es sagen! Sichtbar erschöpft verließ Hofacker die Kanzel, und ich rief ihm im Herzen nach: ›Ja, Ludwig, du hast deinen Gott verherrlicht!‹«[15]

Die kurze Zeit des pfarramtlichen Wirkens in Stuttgart (31. 1. 1823 bis Februar 1825) war unterbrochen durch einen notwendig gewordenen Kuraufenthalt. Abgebrochen wurde sie durch das jähe Aufflammen des alten Nervenübels, das sich äußerte in Kopfschmerzen, Reizbarkeit, Depressionen, Unruhe. Teure Kuren in Bad Teinach, im schweizerischen Gais und in St. Moritz brachten keine Besserung. Im Gegenteil: Im Oktober 1825 brach ein Nervenfieber mit aller Kraft aus. Hofacker selbst hatte Angst vor einer totalen Geisteszerrüttung. Um das Neujahr 1826 schien alle ärztliche Hilfe vergebens. Mit Hofackers Sterben wurde gerechnet. Aber mit diesem gewaltigen Aufbäumen der Krankheit stellte sich auch eine leichte Besserung ein; die Ärzte meinten, die Kopfnerven seien nun gereinigt. Doch der geschwächte Körper blieb anfällig für Katarrhfieber. Schon der Gesundheitszustand Hofackers muss für das Konsistorium Grund genug dafür gewesen sein, die Ernennung auf die II. Pfarrstelle der Leonhardskirche abzulehnen; Hunderte von Stuttgarter Bürgern hatten sie gefordert. Auch Hofacker, der an der Stuttgarter Gemeinde hing, war darüber traurig. Schließlich wurde er im Sommer 1826 als Pfarrer nach Rielingshausen bei Marbach ernannt, in eine kleine ländliche Gemeinde nordöstlich von Stuttgart,

---

[15] Knapp, S. 141 f.

die sich beim Bau ihrer neuen Kirche finanziell total übernommen hatte.

Die Investitur [Amtseinsetzung] konnte jedoch erst am 3. Advent 1826 stattfinden, da sich bei Hofacker neue Leiden gezeigt hatten. Während einer Badekur in Neustadt bei Waiblingen war eine offensichtlich tuberkulöse Geschwulst am linken Ringfinger aufgebrochen. Um nicht an der Schwindsucht zu sterben, ließ sich Hofacker am 24. Februar 1827 durch den königlichen Leibarzt Dr. von Ludwig den kranken Finger abnehmen. Die Tuberkulose hatte jedoch schon den ganzen Körper einschließlich des Kehlkopfes angegriffen. Nur selten konnte Hofacker die Gottesdienste in Rielingshausen halten; er wurde meist vertreten durch den ihm verwandten Vikar Klemm, durch seinen Bruder Wilhelm und andere Vikare.

Knapp berichtet: »Unter seinen mannigfaltigen Leiden hatte sich wohl manche natürliche Lebenskraft verzehrt. Sein vordem so heiteres, muskulöses Jünglingsbild mit dem reichen kastanienbraunen Gelock war zusammengesunken zu einem tiefernsten, hageren Mann.« Am Vorderhaupt waren die Haare ausgefallen, das Antlitz trug »ein stilles Leidensgepräge«.[16]

Die Auszehrung schritt zusehends fort. Im Gesicht wechselte Leichenblässe mit fliegender Röte. Die Stimme wurde immer heiserer und leiser. Besonders im strengen Winter 1827/28 empfand sich Hofacker verdammt zum Stubenhocker. Heftige Zahnschmerzen plagten ihn.[17]

Im Mai 1828 musste eine kurze Erholungsreise nach Stuttgart abgebrochen werden; sonst wäre Hofacker wegen der tuberkulösen Wassersucht nicht mehr transportfähig gewesen. Wegen der quälend angeschwollenen Beine wäre flaches Liegen hilfreich gewesen; aber hartnäckiger Husten vertrieb ihn aus dem Bett. Meist saß er im Lehnstuhl oder auf dem Sofa; dort konnte er am ehesten atmen. Ihn quälte Durst. Man hatte angefangen, Einschnitte in die Beine zu machen. Der Abfluss des beizenden Wassers, das sich jedoch rasch wieder ersetzte, griff Hofacker im Innersten an. Auch die leichteste

---

[16] Knapp, S. 216
[17] Knapp, S. 317

Decke wurde ihm unerträglich. Die Nächte waren wie ohne Ende, der Tag brachte keine Linderung. Aus Hofackers lispelndem Mund – laut reden konnte er nicht mehr – kamen Gebetsseufzer.[18]

Noch notvoller als alle diese körperlichen Leiden war es für Hofacker, dass ihn der Geist der Sorge anfiel und kaum mehr losließ: Nach dem plötzlichen Tod der Mutter am 24. Mai 1827 war es die Sorge um die Haushaltsführung, um das finanzielle Durchkommen, um die Zukunft des geisteskranken Bruders Maximilian, Sorge um die durch Vikare mehr schlecht als recht versorgte Gemeinde Rielingshausen, Sorgen um die finanzielle Lage seiner verschuldeten Gemeinde, Sorgen um den geistlichen Zustand der Gemeinde, für die er sich verantwortlich wusste.

Mit Schrecken erkannte Hofacker in sich selbst Abgründe von Bosheit (er beklagte seinen Missmut, seine Launen und die daraus entspringenden »Temperamentssünden«), Trägheit, Neid, heimlichen Geiz, Zorn, Widerstreben gegen den Willen Gottes.

»Ich kann mich auf nichts verlassen als auf Jesus!« So sagte er und wies auf ein an der Wand hängendes Bild des Leidensmannes mit der Dornenkrone hin: »Das ist mein Mann!«

In den letzten 24 Stunden seines kurzen Lebens stiegen die Beengungen im Brustkorb höher und höher. Der am Morgen des 18. November den Sterbenden besuchende Arzt sagte offen heraus: »Sie werden den Mittag gewiss nicht mehr überleben!« Da verlangte Hofacker einen Spiegel. Er wollte sich selbst davon überzeugen, dass an der spitzen Nase und an den einfallenden Wangen das nahende Sterben schon erkennbar sei. Als er's wirklich so fand, fragte er verlangend: »Darf ich jetzt endlich noch mehr kaltes Wasser trinken?« Doch wollte er damit sein Ende um keine Minute beschleunigen. Noch wichtiger war ihm, den Heiland zu bitten, ihn bald zu erlösen, »denn ich kann's nicht mehr aushalten!« Nach 14 Uhr bat er mit kaum hörbarer Stimme: »Betet, betet!« Der Bruder Wilhelm betete die Strophen: »Herr, mein Hirt, Brunn aller Freuden, ich bin dein, du bist mein...« und »Du bist mein, weil ich dich fasse...« Danach

---

[18] Knapp, S. 325

sprach er den Vers: »Wenn mir am allerbängsten wird um das Herze sein, so reiß mich aus den Ängsten kraft deiner Todespein.« Aber der Sterbende korrigierte den Versprecher: »Nein: kraft deiner *Angst und Pein!*« Dreimal lispelten noch die Lippen: »Heiland, Heiland, Heiland!« Dann stand der Atem still.[19]

Momentaufnahmen aus drei kurzen Jahrzehnten! So sah Ludwig Hofacker aus! Wer war er denn wirklich? War er ein Hiob des 19. Jahrhunderts, der nicht nur das Zerfallen seines durch und durch kranken Leibes zu ertragen hatte, sondern auch das Sterben seiner für den Ehelosen sorgenden Mutter und das nicht zu bändigende Treiben seines geistig umnachteten Bruders Maximilian? War dieser Ludwig Hofacker »von Gott und von allen guten Geistern verlassen«?

Nie und nimmer! Denn menschliche Wracks, wie es Ludwig Hofacker eines war, sind der »Stoff«, aus dem Gott seine Segensträger für unsere Welt schafft.

Gott hat diesen durch und durch zerschlagenen Ludwig Hofacker zu seinem besonderen Werkzeug gemacht. Anders lässt es sich nicht erklären, warum seine Predigtsammlung bis heute weit über die württembergische Heimat hinaus Leser findet. Die nach Kasachstan deportierten Russlanddeutschen hielten ihre Gottesdienste ohne Pfarrer, aber mit Hofackers Predigtbuch.

Dieser Predigtband ist in 51 Auflagen verbreitet worden. Dazu kommen Sonderveröffentlichungen mit einer Auswahl von Predigten oder mit zusammengestellten Predigtauszügen. Hofackers Predigten wurden ins Englische, Französische, Dänische, Norwegische, Schwedische sowie Russische übersetzt.

Hofackers geistliche Grundanliegen bilden bis heute das Fundament, auf dem sich seit bald 50 Jahren unterschiedlich geprägte Gemeinschaftsverbände samt missionarischen und diakonischen Aktivitäten Württembergs als »Ludwig-Hofacker-Vereinigung« zusammengefunden haben, um gemeinsam erwecklich – also glau-

---

[19] vgl. Knapp, S. 342 ff.

bensweckend und glaubensstärkend – hinein in Kirche und Öffentlichkeit zu wirken.

»Gott hebt den Dürftigen aus dem Staub.« Der greise, kinderlose und in der Fremde lebende Abraham hat es ebenso erfahren wie die verachtete Hanna und die Asylantin Ruth. Segensübermittler Gottes hinein in unsere Welt waren Versklavte wie Joseph, Verstoßene wie Mose, Verzweifelte wie Jeremia, Gescheiterte wie Hiskia, vom Versucher Geschlagene wie Hiob, in Sünde Gefallene wie David, Verbannte wie Daniel, Umherirrende wie Hagar.

Diese Gottesspur hat ihr Gütesiegel erhalten, als »der Allerverachtetste und Unwerteste«, der Gottesknecht ohnegleichen, zum großen Heiland der Menschen gemacht wurde.

Auch Ludwig Hofacker wurde zu einem Segensträger Gottes, trotz seines sich zersetzenden Körpers. Obwohl sein kurzes Wirken nur ein Fragment zu sein schien, wurde Hofacker zu einem Herold des verachteten Jesus. Sein Ruf ist bis heute nicht verhallt.

Das kann allein Jesus tun. Er ist es, der »Menschenfischer *machen*« kann.

IV. Entdeckungen bei Hofacker

Die schriftliche Hinterlassenschaft Hofackers ist nicht umfangreich. Zuerst einmal ist da der Predigtband. Diese Predigtsammlung wurde noch in Rielingshausen vom schon schwer kranken Verkündiger selbst begonnen; später wurde sie ergänzt durch seine leiblichen Brüder Pfarrer Wilhelm Hofacker (1805-1848) und Präsident Dr. Carl Hofacker (1794-1866).

Daneben gab es aus Hofackers Feder zwei Andachtsbücher. Eine Broschüre, welche Hofacker als Student über die Verhältnisse in Nordamerika verfasst hatte, um Auswanderer zu informieren, war schon zu Hofackers Vikarzeiten vergriffen. Die in der Württembergischen Landesbibliothek Stuttgart erhaltene »Pietistische Circular-Correspondenz« enthält viele wichtige Beiträge Hofackers. Albert Knapp (1798-1864) hat in der ihm eigenen dichterischen Freiheit viele dieser Beiträge »mundgerecht« überarbeitet und so, befreit von manchen für Hofacker eben auch bezeichnenden Schwäbeleien und Derbheiten, in die von ihm herausgegebene Biografie »Leben von Ludwig Hofacker« (1. Auflage 1852) übernommen.[20]

Ein Lebensabriss Hofackers ist ab der 10. Auflage des Predigtbandes der Predigtsammlung vorangestellt; auch diese Lebensbeschreibung ist wesentlich von Knapp verfasst; aber auch der andere enge Hofackerfreund Pfarrer Wilhelm Roos hat an ihr mitgewirkt.

---

[20] Schäfer (a.a.O.) weist auch theologische Überarbeitungen nach, besonders im Zusammenhang mit der von Bengel auf 1836 berechneten Wiederkunft Jesu. Hofacker selbst kritisierte grübelndes Spekulieren über die »Zukunft des Herrn«, vgl. Predigten S. 720.

Die schriftliche Hinterlassenschaft des im 31. Lebensjahr verstorbenen Erweckungspredigers ist also überschaubar. Normalerweise dürfte es nicht schwer sein, das Eigentliche an Hofacker darzustellen. Aber leider wurde Hofackers Bild durch die Nachwelt etwas übermalt.

Unter den dankbaren Freunden Hofackers tat sicher gerade Albert Knapp des Guten zu viel. Dadurch geriet das Bild Hofackers fast in die Nähe einer Heiligenlegende.

Typisch dafür ist etwa der geradezu überschwängliche Stil, in dem Knapp das Predigen seines Freundes Hofackers würdigt:

> »*Hofacker mag in seinen Vorträgen [Predigten], wovon die meisten aus einem Brouillon [Konzeptheft] und aus Nachschriften einer Mädchenhand [Caroline Wiedersheim, Stuttgart] genommen sind, sich oftmals gegen den Kamaschendienst [Kasernendrill] der neueren Homiletik [Predigtlehre] verfehlt haben, – aber während die neuen Prediger im Selbstgesuch oft alles Mögliche zusammenraffen, um, dass ich so sage, den Heiland auf einem andalusischen Paradeross nach Zion hineingaloppieren zu lassen, – hat Hofacker die Einfalt vor ihnen voraus, lässt seinen Erlöser nicht auf einem Pferde der Reitbahn, noch auf einem Triumphwagen, sondern auf dem Füllen der lastbaren Eselin, demütig und arm, einziehen; – dafür aber gibt ihm der Geist des Herrn doch Palmen genug, die er mit Hosianna ihm unterbreitet, und wohl auch einzelne Purpurgewänder, sie ihm auf seinen Weg zu legen, – doch also, dass Jesus allein groß sein muss, und der Prediger sein armer Knecht, der ihm mit kindlichem Lallen huldigt und ihm die Schuhriemen nicht zu lösen wagt.*«[21]

Ganz anders als in solcher pathetischer Würdigung klang es dann bei denen, die Hofacker mehr durch eine dunkel getönte Brille betrachteten:

---

[21] Knapp, S. 356

Letztlich seien die Brüder Ludwig und Wilhelm Hofacker doch aus demselben Holz geschnitzt gewesen wie der manchmal auch etwas hemmungslose Vater und erst recht wie der in Gemütsverwirrung verdämmerte Bruder Maximilian. Auch sei es doch bezeichnend, dass Dr. Carl Hofacker, der älteste der Hofackerbrüder, unmenschliche Härte bei der Eindämmung der Burschenschaftsunruhen an der Tübinger Universität gezeigt habe; damals, 1825, hatte König Wilhelm I. gerade diesen begabten, aber als hart geltenden Juristen als »königlichen Kommissar« berufen, um die Unruhen im Keim zu ersticken. Von ihm hätten die Studenten gesungen: »Er ist ein zweiter Attila [berüchtigter Hunnenkönig], zur Disziplin und Strafe da!«

Zwischen diesen Extremen in der Beurteilung Hofackers gibt es viele, die Hofacker nur vom Hörensagen kennen. Allzu leicht fügen sich die Puzzlestücke zu etwa folgender Karikatur zusammen: Hofacker war ein weltfremder, abgehobener und verschrobener Bekehrungsfanatiker, der nicht mehr auf die Landeskirche setzte. Vielmehr wirkte er auf die Gründung von freien Gemeinden nach dem Muster Korntals hin. Als Seelsorger war er streng, ja geradezu fanatisch; in der Gemeindezucht überaus eng. Gut, damals mag er ein anziehender Prediger gewesen sein! Aber letztlich glich doch auch jener gewaltige Zulauf eher einem Strohfeuer, das ohne Nachwirkungen rasch wieder in sich zusammenfiel.

Erst recht gibt es eine heranwachsende Generation junger Christen, denen der Name Ludwig Hofackers überhaupt nichts mehr bedeutet. An diese Mitchristen habe ich gedacht, als ich noch einmal ganz neu die wenigen Quellen studierte. Doch in diesen habe ich erstaunliche Entdeckungen gemacht.

a. Hofacker trug keine Scheuklappen

Lange hatte auch ich angenommen: Hofacker lebte bewusst ganz zurückgezogen von der Welt – weit entfernt von den Strömungen seiner Zeit und von ihren politischen Gärungen. Außer Jesus wollte er nichts wissen. Vermutlich war ihm über Jesus hinaus alles egal.

Aber weit gefehlt! Seelsorgerlich anteilnehmend und mitdenkend begleitete Hofacker Menschen, die als Richter und Bürgermeister in öffentlicher Verantwortung standen – auch seinen älteren Bruder Carl, einen herausragenden Juristen und Staatsbeamten; dessen Wirken kann auch ganz anders gewertet werden als das eines »zweiten Attila«.

Als Gemeindepfarrer von Rielingshausen lud Hofacker von Zeit zu Zeit Gemeindeglieder in das Pfarrhaus ein. Es ging Hofacker um Ausspracheabende über Fragen, die gerade in jenen Zeiten die Menschen umtrieben.

»Nun, liebe Freunde, worüber wollen wir heute miteinander reden?«, so begann Hofacker das Zusammensein. Einer, der sich besonders fromm vorkam, antwortete – wie aus der Pistole geschossen: »Von der Gnade und von der Wiedergeburt!« – »Nein!«, so fiel ihm fast schroff Hofacker ins Wort, »man schwatzt nicht immer von der Gnade und von der Wiedergeburt; wir wollen heute von den Griechen und Türken reden. Lasst mich euch etwas Merkwürdiges von der Schlacht bei Navarin[22] vorlesen.« Dann zog er – es war ein Jahr vor seinem Tod – einen Zeitungsbericht über die heldenhaften Freiheitskämpfe der Griechen gegen die sie unterdrückenden Osmanen heraus und sprach mit den Gemeindegliedern darüber.[23] Auch in der Weihnachtspredigt von 1826 sprach Hofacker im Zusammenhang mit dem ersehnten »Frieden auf Erden« den griechischen Freiheitskampf an.[24]

Unfreiheit ist entehrend. Unterdrückung ist menschenverachtend. Ludwig hatte es im Elternhaus schmerzlich erlebt. Der Vater konnte seine Söhne hart schlagen. Verzweifelt schrie einmal der hochbegabte und doch nervenschwache Bruder Max: »Vater, schlagen Sie mich nicht mehr, sie haben uns schon genug zusammengehauen!« Sicher wurde in damaligen Zeiten der Haselstock in Schule, Familie und auch noch bei Lehrlingen als hervorragendes Hilfsmittel

---

[22] Sieg der russischen Flotten (20.10.1827) bei Navarino über die türkische Kriegsmarine; dadurch wurden die griechischen Unabhängigkeitsbestrebungen gestärkt.
[23] Knapp, S. 350 f.
[24] Predigten, S. 70

zu rechter Bildung angesehen. Was sich jedoch oft als »väterliche Verantwortung« und als »durchaus legitime Zuchtmaßnahme« ausgab, war leider oft unkontrollierter Zorn, ja patriarchalische Brutalität. Hofacker konnte einmal als Prediger schonungslos sagen: »Seinen Eigensinn nennt der Mensch festen Willen, männliche Beharrlichkeit und Charakterstärke.« Solchen Selbstbetrug vermutete Hofacker jedoch nicht nur bei Unterdrückern, sondern auch bei denen, die gegen Unterdrückung revolutionär aufbegehrten.

Die sogenannten »Befreiungskriege« waren auf dem Höhepunkt gewesen, als Ludwig Hofacker genau am Tag der »Völkerschlacht von Leipzig« (18. Oktober 1813) in das Seminar Schöntal eintrat. Damals ging es wie ein Ruck durch ganz Europa: »Das Volk steht auf – der Sturm bricht los!« In Hoffnungstrunkenheit meinten Millionen, das Ziel sei erreichbar, dass jeder »Stecken des Treibers« zerbrochen werden wird. So wurden prophetische Verheißungen der Bibel politisch umgedeutet. Oft genug wurde jeder Art von Autorität ihr Recht abgesprochen.

Nur vier Jahre später erkannte Hofacker als Student: Viele dieser Freiheitsbegeisterten verheißen anderen Menschen Freiheit, obwohl sie selbst »Knechte des Verderbens« sind! Aber ihre Rechnung geht nicht auf! Zwar ist Unfreiheit etwas Schlimmes, aber

> »der Abfall aber von dem lebendigen Gott, das heißt von Christus, ist ebenso groß. Sie werden glauben, es mit ihres Armes Macht ausfechten zu können. Unser trotziges Geschlecht und doch so nervenschwaches Geschlecht wird in seiner Torheit auf sich selbst pochen wollen, – ja, tun sie es nicht bereits! Aber es wird ihnen ganz gegen ihre Rechnung gehen, die sie sich so säuberlich gemacht haben!«[25]

Hofacker trug keine Scheuklappen. Er war wach für die Welt und für die Entwicklungen um ihn herum. Er hörte die Fragen seiner Zeit, aber übernahm nicht einfach deren Antworten. Trotzdem war er kein Konservativer, dem alles Bisherige gut und richtig zu

---

[25] Knapp, S. 109

sein schien. Vielmehr streckte er sich nach vorne aus: »Gott lasse die neue Erde erscheinen, darauf Gerechtigkeit wohnt!« Darauf hoffte er, ohne dass er sich allzu sehr anstecken ließ von jenen, die felsenfest – aufgrund der Berechnungen Bengels – mit der Wiederkunft Jesu im Jahr 1836 rechneten. Hofacker war gegen alles Spekulieren:

> *»Wir sind dabei wie arme Kinder, die über die wichtigsten Geheimnisse der europäischen Politik räsonieren, während sie noch nicht sprechen und lesen können, noch kein ABC gelernt haben. Ich will meinesteils das ABC vorher lernen, bevor ich weiterkomme; aber eben dieses ABC geht verzweifelt sauer ein; denn es heißt nichts anderes, als mich in meiner Unmacht [Ohnmacht], in meiner Bosheit, in dem, was ich von Adam ererbt habe, und das durch alle Teile meines Ichs, auch durch die intellektuellen, hindurchgeht, kennen zu lernen, und mich darüber zu freuen, dass ein Mann lebt, der Jesus heißt. Dieses ist mit mancher Demütigung verbunden.«*[26]

Zum »Wachsein« rief Hofacker auf: »Die Menschheit geht Zeiten entgegen, die voll der wichtigsten Veränderungen, aber auch voll Jammers sein werden.«[27]

Manche Verehrer Hofackers wären – bis in jüngste Vergangenheit hinein – weniger auf politische Träume hereingefallen, wenn sie sich an folgende Grundüberzeugungen Hofackers gehalten hätten:

Weder Altes noch Neues sind an sich gut; darum ist zu prüfen, ob Altes oder Neues von »Gottesfurcht«[28] geprägt ist oder ob ein gegen Gott rebellierender Menschengeist sich auf den Thron des Weltenlenkers schwingen will. Und:

Menschliches Sehnen nach Freiheit ist nichts Schlechtes. Aber Christen sollen vor allem von jener Freiheit wissen und einladend sprechen, die realistischer ist als alle Freiheitsträume, nämlich dass Jesus aus dem Machtbereich des Bösen herausretten und in sein Reich versetzen kann.

---

[26] Knapp, S. 279 f.
[27] Knapp, S. 327
[28] Knapp, S. 139

Hofacker selbst hat so davon gesprochen:

»Satan hat kein Recht mehr an uns; es ist ihm schon vor 1800 Jahren genommen worden ... O große Freiheit! Nun steht nichts mehr im Wege, wenn ein Sünder von der Knechtschaft des Teufels frei werden will. Dem Rechte nach ist jeder schon frei. Es kommt nur alles darauf an, dass er von diesem Rechte Gebrauch mache und zu Jesus fliehe.« [29]

Wie viel Offenheit atmet bei Hofacker auch alles, was mit Freundschaft und Ehe zusammenhängt! Zwar dachte er selbst »ans Heiraten am allerwenigsten« – nämlich wegen seines durch Krankheiten »heruntergebrachten Körpers«.[30] Aber als er von der glücklichen Verlobung eines Freundes erfuhr, entfuhr ihm spontan ein »Halleluja«. Gerade für Pfarrer hielt Hofacker es für den »gottgefälligsten Stand«, wenn »er *eines* Weibes Mann« sein kann; der ledige Stand gebe keinerlei Vorzug vor dem Verheiratetsein.[31] Das war die Überzeugung des ehemaligen »Asketen«. Allerdings hatte Hofacker große Bedenken gegen allzu frühe Bindungen von Vikaren. Auch war er streng dagegen, dass sich Vikare um »Erweckungen« bei »Jungfrauen« bemühen; man müsse nüchterner zwischen Natur und Gnade unterscheiden.

Auf der anderen Seite legte Hofacker viel Wert darauf, dass vor lauter »Gnade« nicht die »Natürlichkeit« vergessen werde. Er gab zu bedenken:

»Hinsichtlich der Erweckung junger Leute macht mich ein Bild in der Natur besorgt: Die früher blühenden Bäume sind umso größerer Gefahr des Frostes ausgesetzt; und was erfroren ist, das blüht nicht wieder. Daher kommt mir der Grundsatz: Lieber gar nicht erweckt, als bald wieder einfrieren ... Bei meinen Konfirmanden gehe ich nicht leicht auf Rührungen

---

[29] Predigten, S. 277
[30] Knapp, S. 262
[31] Knapp, S. 254 f.

aus, die ins Auge fallen, suche sie vielmehr lieber zu verhüten.«[32] Genauso aber kam es ihm als Versündigung an Kindern vor, »einen Kübel voll kalten Wassers drüber zu gießen«, wenn man fühlt, »dass sich ein Fünklein entzünden will.«[33]

Einem befreundeten Konfirmanden schrieb er:

»Das muss ich dich bitten, dass du bei der Konfirmation natürlich bleiben und nicht meinen sollst, du müssest dich selbst in eine große und unmäßige Andacht hineinsteigern ... Viele suchen eine Rührung und Andacht zu erzwingen und sind dann natürlich froh, wenn die Sache vorüber ist, weil kein Mensch gerne in geistlichen Dingen Komödie spielt ... Wolle vor Ihm, dem Heilande, nicht frömmer erscheinen, als du bist!«[34]

Natürlich war Hofacker noch als geschwächter Pfarrer geblieben. Davon berichtete ein etwas verwachsener Buocher Schuhmacher, der in seiner Jugend als Handwerksbursche nach Rielingshausen gekommen war. Dort musste er, obwohl schon achtzehnjährig, die »Kinderlehre« am Sonntagnachmittag besuchen. Dabei fragte einmal Hofacker: »Wie lange währt die Gnade Gottes?« Keine Antwort. Endlich sagte der Schuhmachergeselle: »In Ewigkeit!« Da habe Hofacker trotz seines schwachen Körpers einen »Hupf«, also einen regelrechten Freudensprung, gemacht und gerufen: »Ja, bis in Ewigkeit!«[35]

Gerade wegen seiner einstigen asketischen Fehlwege riet Hofacker dringlich ab von allen selbst gesuchten Einschränkungen beim Essen und Trinken, von allen gesetzlichen Gebetsvorschriften. In der Rückschau bekannte er:

---

[32] Knapp, S. 223 f.
[33] Knapp, S. 224
[34] Knapp, S. 264
[35] mündlich tradiert im Remstal

> »Ich stand während meiner ganzen Tübinger Laufbahn in einem schrecklichen Eigenwirken... Von diesem Eigenwillen, namentlich im Essen und Trinken, erlöste mich Gott durch meine Krankheit in Tübingen. Oft hatte ich mich im Punkt der täglichen Nahrung nach mehr Freiheit gesehnt. Aber ich konnte nicht loskommen von der Ängstlichkeit. Mit meinem Krankheitsanfall in Tübingen war's wie weggeflogen. Und jetzt würde ich dergleichen Dingen kein Gehör mehr geben.«[36]

Darum konnte Hofacker auch ernst sagen:

> »Der Heiland muss... alles geben. Wir wollen uns hüten vor allen Selbstbesserungen ohne Ihn; – denn diese kommen vom Argen. Es gibt auch manche Erweckte im Lande, welche sich in eigener Kraft bessern wollen. Errant [Sie irren]. Wir bleiben bei Ihm, der uns alles sein soll, und hüten uns vor selbsterwählter Geistlichkeit. Wir wollen nicht besser sein, als Er uns haben will!«[37]

Auch in Sachen Gemeindeideal war Hofacker sehr nüchtern. Schon als Plieninger Vikar besuchte er mit seinen Konfirmanden die damals eben erst gegründete (1819), vom Konsistorium unabhängige Brüdergemeinde Korntal. Er liebte deren Gründer, den Bürgermeister Gottlieb Wilhelm Hoffmann (1771-1846). Trotzdem bewegte ihn die Frage: Haben sich Hoffmann und seine Brüdergemeinde nicht allzu viele Freiheiten herausgenommen?

Normale landeskirchliche Gemeinden hätten die Aufgabe, »Pflanzschulen« zu sein: »Die Gestalt und Einrichtung der Kirche in unserer Zeit macht uns [die Pfarrer] je länger je mehr zu Missionaren.«[37] Dieser Missionsaufgabe wollte er sich nicht entziehen.

> »Wir sehen unsere Gemeinden falsch an; sie sind meist keine christlichen Gemeinden, sondern Pflanzschulen des Christen-

---

[36] Knapp, S. 129
[37] Knapp, S. 93

tums. *Die allgemeine Kirche ist, in gewissem Sinne, heidnisch geworden ... Der Pfarrer soll da für den Heiland Seelen gewinnen und aus dem Weltmeer Fische ins Netz ziehen ... Lasset uns recht schonend mit dem Gewissen der Leute umgehen, dass wir sie für den Heiland innerlich gewinnen und nicht durch's einseitige Gesetz zu Heuchlern erziehen!«*[38]

»Tanzlustige Leute« sollten nicht »den Heiland und mich für einen Moses halten« [also für einen Wächter über das Gesetz, dessen Einhaltung Leben verheißt].[39] *»Den Hirtenstab Christi bei jedem neuen Exzess mit dem Stecken eines Treibers vertauschen, das heißt – ›Mäuse peitschen‹«*[40]

Das sagte derselbe Hofacker, der gleich nach dem Amtsantritt in Rielingshausen eine Hochzeitsgesellschaft vom vorbereiteten Tanzvergnügen abbrachte, indem er eine überaus ernste Traupredigt hielt; aber eben eine Predigt hielt und nicht einfach ein Verbot aussprach.

Aus Nüchternheit widerstrebte es Hofacker, sich eine rosarot getönte Brille aufzusetzen, wenn er die religiöse Lage in der eigenen württembergischen Heimat beurteilte. Wohl schrieb er 1828 an die Herrnhuter »Prediger-Conferenz« auch manches Erfreuliche über die Gemeinschaften und über die damals so mächtig aufgebrochene »Bibel- und Missionarssache«. Aber dann heißt es:

»Die Sachen sind zu alt, zu alltäglich bei uns. Die Form haben wir oft, aber die Kraft geht uns oft ab. Die Lehre von der Gnade haben wir, aber wir sind zum Teil darauf eingeschlafen, und manche gebrauchen wohl diese Lehre selbst als einen Schlaftrunk ihres Gewissens. Darum ist eine große, allgemeine Klage bei uns, unter rechtschaffenen Seelen, dass es gegenwärtig so besonders schwer sei, die Augen offen zu halten und zu

---

[38] Knapp, S. 191 f.
[39] Knapp, S. 192
[40] Knapp, S. 151 f.

wachen ... Wahrhaftige und gründliche Bekehrungen gehören immer mehr zu den Seltenheiten. Es ist viel des Laufens und Rennens bei uns; die armen Menschen lassen sich Entfernungen von mehreren Meilen nicht zu weit sein, um eine gute Nahrung für ihr Herz zu bekommen; die Gemeinschaften werden an den meisten Orten zahlreicher besucht als jemals, und die Aufregung ist groß. Aber zu einem völligen Abtreten von der Ungerechtigkeit, zu einem Durchbruch ins Leben, zu einem Wandel im Lichte will es, trotz allem Hunger, trotz allem äußerlichen Werke, nur bei wenigen kommen. Eine Weile fröhlich sein bei einem Licht, ohne sich vom Licht in Geduld durchscheinen zu lassen... und dann, wenn die Sache gewohnt wird, sie wieder stehen zu lassen: Das ist der athenische [vgl. Apg 17,21: ›Die Athener hatten nichts anderes im Sinn, als etwas Neues zu hören.‹] Charakter dieser Zeit... und so werden Tausende, ohne dass man es selbst ahnt, von Tag zu Tag untüchtiger zur Wahrheit und zum Glauben ... Um so unentbehrlicher ist es uns, je mehr und mehr zusammenzuhalten, damit wir uns gegenseitig im Glauben stärken.«[41]

Erstaunliche Sätze! So nüchtern! So selbstkritisch! So also hat eine Zeit ausgesehen, die im Nachhinein verklärend als »Erweckungszeit« beschrieben wird.

Nein, Scheuklappen trug Hofacker keine! Engstirnig war er nicht! Er kannte sich bei den großen deutschen Dichtern aus. Er war ein befähigter Klavierspieler. Ein weltabgewandter, asketischer Einsiedler war er auch nicht! Erst recht kein Bekehrungsfanatiker. Vor allem war er kein widerlicher Rechthabertyp, der nur eigene Theologie und Frömmigkeit als allein richtig ansah. Vielmehr ging es ihm darum, dass die unterschiedlichen Frömmigkeitsrichtungen Württembergs noch näher zusammenrücken sollten, als dies bis dahin geschehen war.

---

[41] Knapp, S. 313 f.

b. Hofacker brauchte als Christ Gemeinschaft

Als Erweckungsprediger steht Ludwig Hofacker einsam in der Landschaft: am Stil seiner Verkündigung gemessen; hinsichtlich seines Lebenslaufes, im Blick auf seine Wirkung. Aber den Verkündiger Hofacker würde man total falsch beurteilen, wenn man ihn nur aufgrund seiner Predigten verstehen wollte. Das Entscheidende an Hofacker war, dass er bis zu seinem Sterben Menschen um sich haben wollte.

»Louis ist wie ein Schneeball bei Tauwetter, an den sich überall Schnee anhängt, auch wenn man ihn fortbewegt«, so konstatierte lachend die Mutter.[42]

Von Jugend an übte Ludwig Hofacker eine geradezu magnetische Anziehungskraft auf Menschen aus. Darum war es so unverständlich für seine alten Seminarfreunde und für seine Tübinger Mitstudenten, dass er sich im Herbst 1818 plötzlich scharf von ihnen abgrenzte. Auch zu Hause in Stuttgart saß der einst so Gesellige stundenlang schweigend im Garten. Zuerst meinte man, dies sei eine Anwandlung übler Laune, wenn er, in sich gekehrt dasaß, ohne auch nur ein Wörtlein zu reden.

Hofacker *musste* keine Menschen um sich haben; er konnte auch ohne sie auskommen. Das zeigen die Wochen und Monate nach jener einschneidenden Veränderung im Herbst 1818. Damals wollte er bewusst anfangen, wirklich »mit Gott« und »vor Gott« zu leben. Später wurde ihm jedoch deutlich: Alles Abgrenzen von anderen hat viel mit Egoismus zu tun! »Ich statuiere kein Christentum ohne Gemeinschaft«, so hatte es Nikolaus Ludwig Graf von Zinzendorf (1700-1760) in Worte gefasst. Von ihm suchte Hofacker zeitlebens zu lernen. Eine ähnliche Parole Zinzendorfs lautete: »Christen gehen immer in Kompanie« [also: gemeinsam mit anderen Christen].

Das war, in die Sprache des 18. Jahrhunderts übersetzt, das aus der Bibel bekannte Kennzeichen wirklichen neuen Lebens: »Wir wissen, dass wir aus dem Tode in das Leben gekommen sind, denn

---

[42] Knapp, S. 212

wir lieben die Brüder« (1. Joh 3, 14). Die »Brüder« waren es, die von da an sein Leben reich machten.

Hofacker hielt sich nach jener einschneidenden Veränderung im Herbst 1818 zu den pietistischen Erbauungsstunden einfacher Tübinger, die vom Säcklermeister Schnürle und vom Weingärtner Karrer geprägt waren. Häufig besuchte er die Pfarrer Christian Adam Dann in Öschingen und Weißmann in Dußlingen, die Dekane Schmid in Böblingen und Zeller in Herrenberg. Engen Kontakt nahm er auf mit den frommen Professoren Dr. Johann Friedrich Flatt (1759-1837) und Dr. Johann Christian Friedrich Steudel (1779-1837). Lebenslang ließ er sich Impulse geben durch Predigten, Schriften und Bücher von Graf Zinzendorf, Martin Boos und Prälat Oetinger.

In Stuttgart waren als Nichttheologen besondere Vertraute Hofackers die Kaufleute Johann Jacob Häring, Christoph Heinrich Enßlin und Ludwig Gundert, der Weißgerbermeister Emanuel Josenhans und Hofmechanikus Baumann – allesamt Christen, welche das geistlich lebendige Stuttgart des 19. Jahrhunderts geprägt haben.

Noch wichtiger als dies alles war jedoch, dass Hofacker im Sommer 1819 in einen Gebets- und Bibelkreis Tübinger Studenten hineinkam, dem auch geistlich suchende Studenten aus nicht württembergischen Gebieten angehörten.

Christian Gottlieb Barth konnte am 15. Juli 1819 seiner Mutter berichten:

»Unsere Gesellschaft hat wieder ein neues Mitglied aufgenommen, M. Hofacker, Sohn des Stadtpfarrers in Stuttgart, der früher in der Nacht des Unglaubens und der Sinnlichkeit dahinwandelte, dessen Herz aber die Gnade mächtig ergriffen hat und der gewiss ein tüchtiges Werkzeug im Dienste des Herrn werden wird. Ach, es sind die treuen Knechte so wenige; um so mehr müssen wir dankbar vor Ihm auf die Knie fallen, wenn Er wieder eine Seele erweckt hat für Sein Reich!«[43]

---

[43] Werner, S. 14

Dieser Bibel- und Gebetskreis, in dem auch persönliche Seelsorge geübt wurde, setzte sich nach dem Auseinanderstieben der Studenten fort in einer »Rundbrief«-Bruderschaft, der sogenannten »Circular-Correspondenz«. Die Beiträge Hofackers für diesen Rundbrief sind manchmal noch eindrücklicher als manche seiner Predigten.

Zu diesem Rundbrief-Freundeskreis gehörten als Nichtwürttemberger die Schweizer Theophil Passavant [Pfarrer in Basel], Hans Burkhardt (Pfarrer in Schaffhausen), Lucas Burkhardt (Waisenhausvater in Basel), weiterhin Emil Wilhelm Krummacher (Erbauungsschriftsteller und Pfarrer in Duisburg), Ludwig Müller (Pfarrer in Bremen), Dr. Christian Friedrich Kling (später Theologieprofessor in Bonn), Andreas Bräm (Pfarrer, Gründer des Erziehungsvereins in Neukirchen).

Neben Hofacker gehörten folgende Württemberger zum Freundeskreis: D. Christian Gottlob Barth (1799-1862), Pfarrer in Möttlingen sowie Gründer des Calwer Verlagsvereins und des Kinderheims Stammheim; Gottlob Baumann (1794-1856), Pfarrer in Notzingen und Kemnat; Ludwig Friedrich Bezner (1788-1850), Judenmissionar in Russland und später Pfarrer in Breitenberg und in Altburg; Johann Christian Friedrich Burk (1800-1880), Pfarrer in Liebenzell, Tailfingen bei Herrenberg, Großbottwar, Stuttgart-Leonhardskirche, Echterdingen, Schriftsteller und Herausgeber des »Christenboten«; Albert Heinrich Christian (1799-1859), Pfarrer in Tuttlingen und Sindelfingen; Christian Christoph Eipper (1799-1877), Pfarrer in Boll und Stetten/Rems; Albert Knapp (1798-1864), Pfarrer in Sulz/Neckar, Kirchheim/Teck, Stuttgart (Hospitalkirche, Stiftskirche, Leonhardskirche); Wilhelm Friedrich Roos (1798-1868), Pfarrer in Ossweil und am Arbeitshaus Ludwigsburg, Steinenbronn, Ditzingen; Karl Gottlob Schmid (1799-1871), Pfarrer in Dettingen/Erms, Gronau, Laichingen, Holzmaden.

Gerade die sogenannten Württemberger belebten den etwa seit 1796 bestehenden sogenannten »Predigerbund«. Dieser hatte aus Pfarrern bestanden, die mit der Herrnhuter »Predigerkonferenz« in Verbindung stehen wollten. Zunächst vollzog sich der Kontakt nur brieflich. Dann aber kam es im Juni 1798 in Münchingen zu einer ersten Zusammenkunft der schwäbischen Herrnhut-Freunde. Sie kamen dann auch – wohl zur Zeit des »Landexamens« in Stuttgart – zu gegenseitiger geistlicher Stärkung und zur Besprechung von Berufsfragen zusammen. Aber gegen 1825 waren diese Zusammenkünfte fast zum Erliegen gekommen. Aber dann wurde diese »Predigerkonferenz« wieder belebt durch »evangelisch gesinnte Prediger aus dem jungen Geschlecht«. Gemeint ist der Freundeskreis um Hofacker, der neben der Stuttgarter »Predigerkonferenz« auch noch Zusammenkünfte im Raum Ludwigsburg anstieß. Noch Monate vor seinem Sterben verfasste Hofacker jenen schon erwähnten umfangreichen Bericht an die Herrnhuter Mutter-Konferenz. Nach Hofackers Tod jedoch brach die Verbindung nach Herrnhut fast ganz ab. Die durch Hofacker und seine Freunde belebte »Stuttgarter Predigerkonferenz« bestand bis 1871. Sie war geprägt durch Pfarrer Albert Knapp und nach ihm jahrzehntelang durch Prälat D.theol. Sixt Carl von Kapff (1805-1879); er war es, der 1851 die »Predigerkonferenz« erweiterte und ergänzte durch die sogenannte »Brüder- und Missionskonferenz«.

Noch in seiner Tübinger Studentenzeit (1826) hatte Kapff von Ludwig Hofacker den Impuls bekommen, nichts anderes als ein »Knecht Christi« sein zu wollen (»Wir haben in unserem Land Knechte Christi nötig! Diese Sklaverei ist die allerbeste, zugleich ist sie die größte Freiheit!«). Im Oktober 1831 konnte der damalige Stiftsrepetent Sixt Carl Kapff über die Stuttgarter Predigerkonferenz berichten: »Es versammelten sich dort 49 Geistliche, also Pfarrer, Helfer, Vikare, Kandidaten und wir zwei Repetenten ... Ich schrieb die anwesenden und abwesenden Mitglieder auf und brachte heraus, dass nun gegen 90 bis 100 sich so im Geist als verbunden betrachten dürfen.« [44]

Die »Predigerkonferenz« wurde zur Schiene, über welche die erwecklichen Impulse Hofackers in die württembergische Pfarrerschaft hineingetragen wurden. So wie schon der ältere württembergische Pietismus entscheidend von Pfarrern in die Gemeinden gebracht worden war, so ging bei der Erweckung des 19. Jahrhun-

---

[44] Werner, S. 203 f.

derts »die Kraft des Aufschwungs ... vom Pfarrstand aus und wirkte erst durch ihn auch auf die Laienkreise« (Karl Müller). In dieser führenden Stellung der Pfarrerschaft ist auch der Grund dafür zu suchen, dass der württembergische Pietismus weniger separatistische Tendenzen zeigte als anderswo und dass sich in Württemberg weder der ältere Pietismus noch die Erweckungsbewegung ihr Recht mühsam im Ringen mit dem Kirchenregiment erstreiten mussten.

Es lag im Wesen Hofackers, dass er bei den Zusammenkünften der unter ihm neu belebten »Predigerkonferenz« oft das entscheidende Wort sprach, »mit resoluter Tapferkeit auf den Kern dringend, verworrene Diskussionen mit einem einfachen Glaubenswort wie mit einem scharfen Flamberg [Schwert] durchhauend, ohne dem Schwächsten wehzutun«.[45] Aber Hofacker lebte auch selbst von den Fragen, Anregungen, Zweifeln, die ihm von den Freunden der »Circular-Correspondenz« oder der »Prediger-Conferenz« vorgelegt wurden.

Aus diesem »ungenierten« Umgang unter Brüdern lernte Hofacker auch für das Gespräch mit dem leiblichen Bruder Wilhelm:

> *»Es herrscht unter leiblichen Brüdern oft eine so dumme Verschämtheit, dass sie, wenn sie zuammenkommen, sich scheuen, ein christliches Wort fallen zu lassen. Und wenn's je geschieht, so geschieht's in einem gelehrten oder scherzenden Ton, damit man es dem stolzen Adam ja nicht anmerken solle, dass er eines Heilandes Untertan sei. Wenn ich an andere schreibe oder mit ihnen rede, so bin ich bei weitem nicht so geniert wie mit meinen leiblichen Brüdern. Das ist ein alter Übelstand in unsern Herzen. Lieber! Lass uns recht offen gegeneinander sein, auch in dieser Hinsicht, damit wir doch, solange wir noch beisammen sind auf dem Wege, einander etwas nützen für die Ewigkeit! Die Welt vergeht.«*[46]

Erst recht können wir heute lernen, wie unaufgebbar wichtig solche ungenierte Geschwisterlichkeit ist! Das »Laufen und Ren-

---

[45] Knapp, S. 183
[46] Knapp, S. 276

nen«, das auch Fahrten von Hunderten von Kilometern nicht scheut, ersetzt nicht geschwisterliche Besuche und Briefe voll seelsorgerlichen Ernstes. Christen brauchen Gemeinschaft, nicht nur »Treffen«. Sie brauchen »Gemeinschaften«, welche diesen Namen zu Recht tragen.

Ernst genommene Gemeinschaft lebt vom Mut zum offenen Wort. Oft eignet sich dazu der Brief mehr als ein Gespräch unter vier Augen. Auch dies ist bei Hofacker zu lernen.

So schrieb er an »Zöglinge« im Basler Missionshaus, mit dem er von dessen Anfängen an sich verbunden wusste (eine Zeit lang hatte Hofacker sich selbst überlegt, ob er nicht in die Mission gehen solle):

> *»Werdet in eurem Missionsstand keine Herren und Herrlein!... Ich weiß, ihr habet Versuchung, Herren zu werden. O, nur keine Herren! Das steht jedermann übel an, besonders aber einem Knecht Jesu Christi. – Spaltet Holz! Feget aus! Waschet einander die Füße! Wer's am besten kann, der ist der Größeste. Ihr seid keine Studenten, sondern arme, einfältige Brüder, die durch Einfalt und Glauben siegen müssen. Lernet unbedingten Gehorsam gegen eure Oberen, soweit es mit Gottes Gebot übereinstimmt; richtet nicht über sie. Sondern denket, ihr seid viel zu gering, sie zu beurteilen. – Wisset, dass der Heiland keine Weltstudenten brauchen kann, sondern Tagelöhner, Knechte, Lastträger, die aber Ihn lieb haben, – Leute die schwitzen, frieren und hungern und sich eine Lust daraus machen um Seinetwillen... Ihr seid keine Paraderosse, sondern sollt Zugpferde werden.«* [47]

Als Knapp 1827 angefragt worden war, eine Zeitschrift auf breiter theologischer Basis mitzuverantworten, beschwor ihn der damals schon schwer leidende Hofacker:

> *»Ich bitte dich bei der Liebe, die wir zueinander haben: Lass dich nicht damit ein! Da will dieser und jener seinen Senf auch*

---

[47] Knapp, S. 307

unter der Hand beibringen. Gott bewahre mich in Gnaden vor solch einem weitherzigen Christentum! ... Sie wollen eben einen glückhaften Mittelweg am Kreuze Christi vorbei bahnen. – Ach, lieber Bruder, lass dich nicht mit ihnen ein, weise sie ab, ich bitte dich, und zeige dich recht einseitig, sonst bist du verloren; sie tun dich ein und hernach kommst du nimmer los. Du bist nicht zu einem Allerweltsmann, sondern zu einem entschiedenen Knechte des Herrn berufen. Ich eifere mich recht müde um dich in meinem Geiste, weil ich sehe, wohin es mit dir hinausgehen soll. Du sollst eben mit der Welt verwickelt werden; sie streckt ihre Hände aus nach dir; einem flotten Kerl, und du bist zu isoliert, zu arglos, du kannst nicht genug widerstehen. Du siehst die Machenschaften des Teufels nicht und wirst verstrickt. Ja, du bist vielleicht schon verstrickt. Ach, lass dir doch die Augen recht öffnen und es dir zeigen, dass die Welt, auch die gelehrte Welt, vergeht mit ihrer Lust und lauter Kot ist in den Augen Jesu. Das ist die schwerste Versuchung, darin du gegenwärtig stehst; denn sie umgibt dich von allen Seiten. Ich fürchte, du wirst nicht Meister über sie. – Werde doch recht einseitig, schmeiß den verdammten Weltkram hinter dich, und stelle dich als einen ganz überzwerchen Pietisten, mit dem man nichts Vernünftiges treiben kann ... Deinen Aufsatz, den man begehrt, meine ich, könntest du ohne Bedenken hergeben ... Mach aber bald auch einen recht pietistischen und sende ihn ein, damit sie merken, der Geist Gottes sei noch nicht eingeschlafen in dir ... Mach einen Aufsatz über den Hebräerbrief ... und stelle das Hohepriestertum Christi recht ans Licht, das schier niemand mehr glaubt. Zeige, dass du nicht gleichen Geistes mit der Welt, auch der frommen Welt, bist.« – Überhaupt fordert man von dir, du sollst viel für die Welt tun. Tue nun auch etwas recht für den Herrn ... und schreie recht unverzagt in alle Welt hinaus, dass d a s die größten Narren sind, die nicht alles im Gekreuzigten suchen. So wird eine Schmach auf dich fallen und du wirst ungeschoren bleiben.«[48]

---

[48] Knapp, S. 201 f.

Bei seinem Amtsantritt in Rielingshausen (1826) hatte der neue Pfarrer einige »Privatversammlungen« vorgefunden, also pietistische Gemeinschaftsstunden. Aber er litt etwas unter »leerem geistlichem Gerede, das in manchen derselben auch bei sonst redlichem Willen stattfindet«. Er wollte das geistliche Leben der Gemeinschaften biblisch, evangeliumsgemäß auffrischen. Dazu lud er die »Stundenhalter« zusammen mit übrigen Männern aus der Gemeinde alle drei Wochen zu sich ins Pfarrhaus ein, um mit ihnen eine besondere Bibelstunde zu halten. Wichtig war ihm auch, den Horizont zu weiten durch die Einrichtung einer wöchentlichen Missionsstunde, und die Jung-Erweckten zusammenzuschmelzen mit den Älteren, die schon länger im Glauben leben wollten.[49]

Hofacker wollte Bestehendes beleben. Gegen ständig neu eingerichtete Kreise war er skeptisch. So heißt es in einem Brief:

> *»Im Advent vorigen Jahres fing wieder etwas an: sie errichteten eine neue Versammlung. Alles wollte sich bekehren. Der Türke (d. h. der damals ausbrechende Krieg der Russen gegen die Türken), von welchen das Volk noch immerfort glaubt, dass dieselben noch einmal ihre Rosse im Rhein tränken werden, trug auch das Seinige dazu bei. Jetzt ist's wieder still«* ...
> *»Wenn solch eine Erweckung geschehen ist, so legen sich die meisten, nachdem sie die Bekehrungsstränge etwas angeschnellt [angezogen] haben, bald wieder bequem zum vorigen Sündenschlaf nieder.«*

Aber beim Versuch, den Gemeindegliedern das hart in einer Predigt vorzuhalten, empfand sich Hofacker hinterher als »hart, treiberisch und nicht frei von Leidenschaft.«[50]

Die Gemeinschaft der Gläubigen lebt vom seelsorgerlichen Vertrauen. Dies Vertrauen kann aber nur dort aufkeimen, wo Seelsorger sich selbst von Gott sagen lassen, wie er über sie denkt.

---

[49] Knapp, S. 234 + 277
[50] Knapp, S. 291 f.

c. Hofacker war überaus kritisch gegen sich selbst

»Hofacker war vorzugsweise ein Buß- und Erweckungsprediger oder, um ein vielleicht passendes neutestamentliches Wort zu gebrauchen, ein Evangelist (Eph 4, 11).«[51] So hat es Knapp in guter Absicht formuliert. Jedoch ist seitdem aus den Köpfen vieler Menschen nicht mehr das Missverständnis herauszubekommen: Evangelisation ist entscheidend Bußpredigt; durch sie wird den Hörern zuerst der Kopf gründlich gewaschen, bevor er dann schließlich vom linden Lüftlein des Evangeliums wieder getrocknet wird.

Genau dies wollte Hofacker *nicht!* Rechte Evangelisten wollen es bis heute auch *nicht!* »Werdet Evangelisten, keine Moses!«, so hatte Hofacker seine engsten Freunde gemahnt. Denn auch eine noch so donnernde und einschüchternde Gerichtspredigt richte nicht *mehr* aus, als wenn man versuche, mit einem Hammer ein Stück Gummi breitzuklopfen.[52] Allein das Evangelium vom Heiland Jesus Christus und von seiner Liebe zu verlorenen Menschen könne aus dem Schlaf der Gleichgültigkeit wecken.

Darum findet sich bei Hofacker kaum irgendein Lamentieren über die »ach so böse Welt«: Das Verlorensein entdeckte er zuerst bei sich selbst. Darum war er so überaus kritisch gegen sich selbst.[53] Aber das machte ihn echt und glaubwürdig.

Wohl am ergreifendsten wurde das kurz vor seinem Sterben deutlich. Der Freund Wilhelm Roos hatte dem Leidenden aus einer neuen geistlichen Liedersammlung das Lied vorgelesen »Ich eile meiner Heimat zu«, in dem es gleich in der ersten Strophe heißt: »Zum kristall'nen Meer der Seligkeiten ... « Schon da fiel Hofacker ihm ins Wort: »Das ist zu flott für mich! *Dahin* gehöre ich nicht!« Hofacker war überzeugt davon, dass er tausendmal mehr die Hölle verdient habe als den Himmel.[54]

---

[51] Knapp, S. 352
[52] Knapp, S. 126
[53] Knapp, S. 166: »Ach, wieviel Selbstgerechtigkeit ist in diesem [meinem] Herzen!«
[54] Knapp, S. 323 f.

1. Marktplatz und Kirche in Wildbad (Schwarzwald), dem Geburtsort.

2. Das alte Gärtringen bei Herrenberg, wo Hofacker seine Kindheit verbrachte (1798-1811).

3. Altar in Öschingen

4. Stuttgart zu Beginn des 19. Jahrhunderts (v. l. Stiftskirche, Altes Schloss, Leonhardskirche: an sie war Hofackers Vater 1812 als Pfarrer berufen worden.

5. Die zu einem »niederen« Seminar umgewandelte Zisterzienserabtei Schöntal (Jagst).

6. Albert Knapp (1798-1864) als Jugendfreund (links),
7. als Dichterpfarrer und Biograf Hofackers (rechts).

8. Die aus dem frühen Mittelalter stammende Zisterzienserabtei Maulbronn, seit der Reformation umgewandelt zu einem Ev.-Theol. Seminar (links im Bild einige kegelschiebende Seminaristen).

9. Das Tübinger »Stift«, bis zur Reformation Augustiner-Eremiten-Kloster. In ihm vollzog sich die Wende in Hofackers Leben.

10. An dieser Ecke der »Alten Burse« brach Hofacker am 18. 8. 1820 bewusstlos zusammen und verletzte sich schwer am Blitzableiter.

11. Abgangszeugnis von der Universität (1820): »Die heilige Rede ist gut aufgebaut und dazu geeignet, die Herzen zu bewegen.«

12. Das Stuttgarter Leonhardspfarrhaus an der Hauptstätter Straße, in dem Hofacker seine Krankheitsjahre (1820–1822) und danach seine Vikarszeit zubrachte.

St. Leonhards Kirche
in Stuttgart
1821

13. In der Leonhardskirche Stuttgart predigte Hofacker
unter großem Zulauf von Januar 1823 bis Februar 1825.

14. Die 1858 neugotisch renovierte Leonhardskirche mit der Kanzel Hofackers (1944 zerstört)

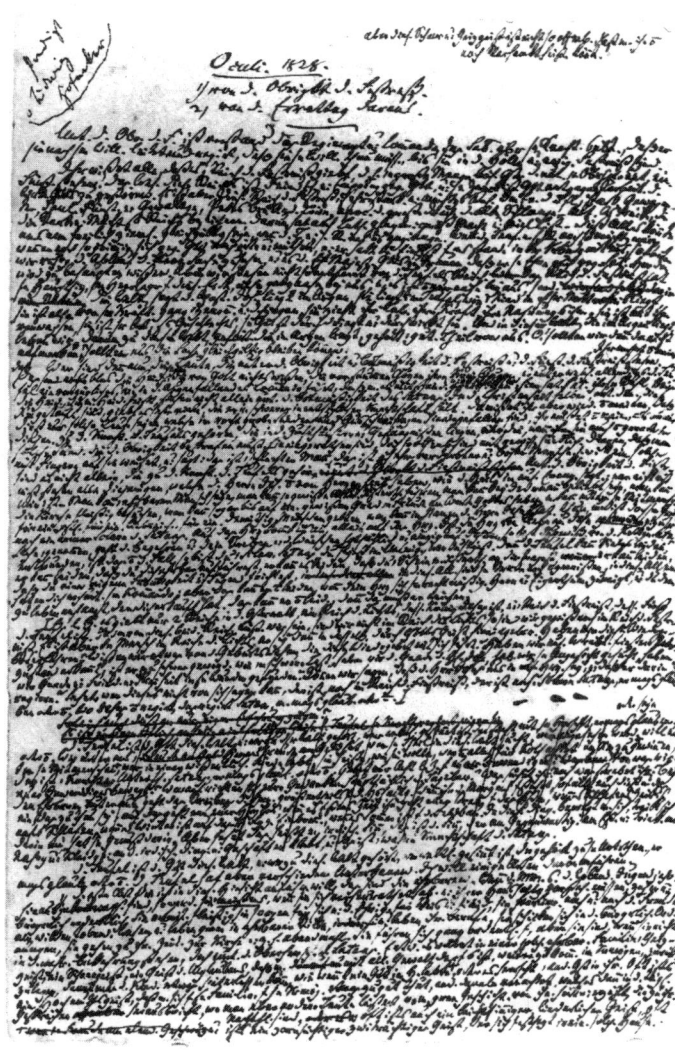

15. Faksimile einer der letzten Predigtaufschriebe Hofackers

16. Hofacker bei der Amtseinsetzung in Rielingshausen (3. Advent 1826); der offensichtlich Geschwächte verdeckt die tuberkulös versehrten Finger unter dem Barett.

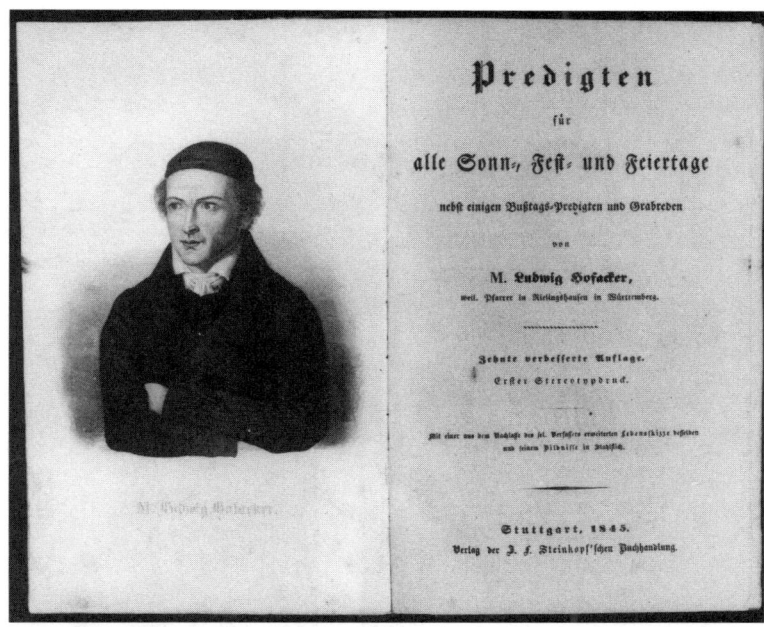

17. Titelseite der 10. Auflage des Hofacker'schen Predigtbandes (1845), die besonders unter Auswanderern in Amerika und Südrussland Verbreitung fand (Erstausgabe 1831).

18. Herrnhuter Losung für Hofackers Geburtstag 15. April 1798.

19. Pfarrhaus und Kirche in Rielingshausen
(Ausschnitt li. oben: Grab Hofackers und seiner Mutter).

20. Das Grab heute.

21. Das Altarkreuz in Gärtringen.

Zeitgenossen Hofackers:

22. König Friedrich von Württemberg († 1816).

23. König Wilhelm I. von Württemberg (1781-1864).

24. Pfarrer Christian Adam Dann (1758-1837),
der geistliche Vater der Stuttgarter Predigerkonferenz.

25. Pfarrer Wilhelm Hofacker (1805-1848),
der leibliche und geistliche Bruder Ludwig Hofackers.

26. Pfarrer Dr. Christian Gottlob Barth (1799-1862),
auch Freund, aber auch geistlicher Kontrahent in den Fragen
um die Versöhnungslehre.

27. Prälat Stiftsprediger Dr. theol. Sixt Carl von Kapff (1805-1879),
neben und nach Albert Knapp der Kopf
der Stuttgarter Predigerkonferenz.

28. Der gekreuzigte Jesus, Mittelpunkt der Verkündigung Hofackers (Ausschnitt aus der einst vor dem Chor der Leonhardskirche stehenden Kreuzigungsgruppe, heute im Chor der Stuttgarter Hospitalkirche).

Immer wieder bedrängte ihn die Schuld der im Unglauben verbrachten Jugendjahre: »Die Narben davon trage ich an meinem Leib.« Ihn trieb vor allem das dauernde Versuchtsein zur Selbstgefälligkeit um. Er war immer wieder erschrocken über sein liebloses »Treiben«; er konnte sagen: »Ach, wann wird's einmal aufhören, dieses elende Fehlermachen und gegen die Liebe Sündigen, und sich's dann leid sein zu lassen, – und es das nächste Mal doch wieder zu tun!« Er fragte sich bis in die letzten Lebenswochen hinein, ob nicht viel Eitelkeit dabei sei, wenn er nun seine Predigten gedruckt herausgebe.

Das war noch einmal etwas anderes als damals am Anfang seiner Umkehr in Tübingen. Damals hatte er selbstquälerisch im »Armsein und im Ausgezogensein« seine eigene Gerechtigkeit gesucht. Jetzt aber wurde ihm »von Gott« und »vor Gott« alles zerschlagen und in Frage gestellt, was sein Leben ausgemacht hatte.

Beim darauf folgenden Besuch fand Wilhelm Roos seinen Freund erstaunlich heiter und gelassen. »Wie ist's denn zu dieser Veränderung gekommen?«, fragte Roos. Darauf sagte der Leidende:

> *»Ich bin ins Nachdenken darüber geraten, was das für eine Sünde und Schande sei, wenn eine arme, sündige Kreatur wie ich, zu der der Heiland ständig seine gekreuzigten Liebesarme ausbreitet, all seine Einladungen zurückweist und ablehnt mit dem törichten, spröden und schnöden Kompliment: ›Ich kann's eben nicht glauben, nicht annehmen, – ich bin zu schlecht dazu!‹« Nun habe er sich ganz einfältig entschlossen, es gelten zu lassen und des Heilands Liebe und Gnade zu glauben wie ein armes, verlorenes Kind – und seither sei es ihm wohl!*[55]

Es war keine gespielte Selbstkritik, wenn Hofacker seinen Freunden bekannte: »Der Segen, den der Herr auf mein Amt legt, ist das Negative; der eigene Herzenszustand ist für meine Selbstbeurteilung das Positive« [gemeint war dabei das Erschrecken über sich

---

[55] Knapp, S. 323

selbst]. Bevor Hofacker seinen »Zuhörern« [selten findet sich bei ihm die Anrede »liebe Gemeinde«] »einen Keil in das Gewissen« [56] schlug, ließ er sich selbst solch einen Keil ins Gewissen schlagen. Er wollte nicht das begeisterte Urteil mancher der in großen Scharen auch nach Rielingshausen Strömenden für bare Münze nehmen, dass er »einer der frömmsten und begnadetsten Jünger Jesu« sei. Denn »alle wahre Tüchtigkeit im Amt fließt nur aus dem inneren Herzenszustand. Er ist das Positive, woraus auch das amtliche Leben und Wirken herauswachsen muss – nämlich die Buße und die Vergebung zu predigen, deren der Pfarrer selbst zuerst bedarf.« Allein der »innere Herzenszustand«, welcher der Gnade Jesu dringlich bedarf, macht den wahren Pfarrer. Darum war er so überaus kritisch gegen sich selbst, sowohl in seiner Beziehung zu Jesus als auch in der Beziehung zu seinen Mitmenschen.

Vom Ende 1824 sind uns zwei Briefe an Albert Knapp erhalten. Sie machen diese zweifach ausgerichtete Selbstkritik und Bußfertigkeit deutlich:

»Vor allem habe ich am meisten zu beklagen meine Frechheit gegen das allerheiligste Angesicht Jesu Christi. Diese Frechheit äußert sich 1) dadurch, dass ich Seine heiligen Majestätsrechte nicht anerkenne, mich nicht so unter den Sohn beuge, wie es einer armen Kreatur geziemt, die nichts ist ohne Ihn; 2) dass ich Ihm seine Ehre so gern und so mit solchem Leichtsinn stehle, als da ist im Predigen; 3) dadurch, dass ich, wenn ich ein Ungeschick, wie man so sagt oder eine Sünde begangen habe, mich viel mehr vor Menschen schäme, als vor Ihm, – kurz, dass Er immer der Letzte ist, auf den ich Rücksicht nehme bei meinem Reden, Handeln und Denken, – ein Beweis, dass

---

[56] Knapp, S. 163: »Mein ganzes Bestreben beim Predigen geht darauf, keilförmig zu arbeiten, d. h. den Zuhörern in jeglicher Predigt einen Keil in das Gewissen zu schlagen.« Etwas anders gewendet ist das Bild vom »Keil« im Blick auf Hofackers Predigtstil; er beschränkte sich bei jeder Predigt auf einen Grundgedanken: »Das ist so meine Überzeugung und Manier; ich glaube, man gelangt dadurch am sichersten zum Zweck. Man muss den Leuten mit aller Kraft einen Keil ins Herz hineinschlagen, und sie dann laufen lassen!« (Knapp, S. 352).

das Glaubensleben noch nicht durchgebrochen ist, und ich noch kein wahrhaftiges Kind, sondern ein Knecht bin.«[57]

»Lieber Knapp! Mein gestriges Betragen gegen dich hat mir gestern Nacht ziemlich viel Unruhe gemacht ... Ich habe dich nicht behandelt, wie ich gesollt hätte. Überhaupt, lieber Bruder, hast du mir viel zu vergeben und von meinem Betragen gegen dich viel zu vergessen. Nun, woher kam's, dass ich dich gestern nicht zum Essen und über Nacht dabehielt? Daher, weil du durchaus fort wolltest. Daher, weil ich gar nicht daran dachte ... Weil ich einen Krankenwärterskopf hatte; weil ich überhaupt nachlässig bin, und, was wohl die Hauptsache ist, dich nicht genug liebe. – Nun, mein Liebster, halt' mir alles zugut und vergib's mir!«[58]

Bis zu ihrem Tod war es die Mutter Hofackers gewesen, die scharfblickend mithalf, alle Eitelkeit des Sohnes zu bekämpfen. Als Knapp eines Sonntags die Predigt Hofackers in höchsten Tönen lobte, sagte die Mutter nur, kaum von ihrem Buch aufblickend: »Ja, der Teig ist diesmal außerordentlich aufgegangen!«

Ein anderes Mal fragte Hofacker seine Mutter: »Was soll ich denn tun, wenn der heillose Hochmut mir einflüstert, ich sei ein besonderer Prediger? Ich sehe die Männer mit ihren Reisestäben hundertweise in die Kirche strömen; bald wird das große Gewimmel angehen. Was soll ich denn tun, um diesen Hochmutsteufel zu verbannen?« Die Mutter sah ihn kaum an und sagte halb im Ernst, halb spottend: »Schämst du dich denn nicht, du armseliger Mensch, den man alle Tage purgieren [d. h. durch Einläufe den Darm entleeren] muss? Willst du mit deinem siechen, erbärmlichen Leib noch hochmütig tun? Du solltest froh sein, wenn du nicht steckenbleibst!«

Auch im Blick auf die anscheinend so innige Freundschaft zwischen ihrem Sohn und Albert Knapp konnte die Mutter wesentlich kritischer urteilen: »Wie«, fragte sie plötzlich, »würdet ihr denn

---

[57] Knapp, S. 143
[58] Knapp, S. 144 f.

ebenso gute Freunde bleiben, von Neid nicht angesteckt, wenn ihr als Pfarrer ganz nah beieinander angestellt wäret? Was meinst du, Louis, wenn dann dein Freund einen größeren Beifall ernten würde, das würde dir doch sauer eingehen?« [59]

Als dann im Mai 1827 die Mutter plötzlich verstarb, da vermisste Hofacker nicht nur die treue Pflegerin und die hingebungsvolle »Seele« des Hauses, sondern auch die »Gewissens-Mahnerin«. Als Hofacker einmal wehmütig gesagt hatte: »Was war das doch für eine Zeit, als es noch Männer wie Luther, Arndt, Spener und Francke gab! Wenn ich an diese Leute denke, möchte ich all meine Predigten nicht mehr ansehen! Wir leben eben in einer glaubenslosen Zeit!«, da war die Mutter schnell mit der Antwort zur Hand gewesen: »Deine Wehmut kommt von deinem verfluchten Hochmut! Der Pfarrer Hofacker ist verdrießlich darüber, dass er sein liebes Ich nicht in dem großen Bild eines Luther, Arndt und Francke bespiegeln darf!« [60]

Vielen mag diese nüchtern-herbe Kritik geradezu unbarmherzig vorkommen. Auffallend ist jedoch, dass die Mutter nie den *Inhalt* der Verkündigung ihres Sohnes kritisierte. Das taten andere, etwa der von Hofacker ehemals geschätzte Professor Dr. Steudel. Er meinte, Hofacker »überbiete« die Bibel und fasse die Menschen anders an als Christus und die Apostel. Diese Kritik ließ Hofacker nicht gelten:

> *»Soll ich so langweilig als nur möglich über den Heiland sprechen?!... Hat er [Dr. Steudel] wohl auch schon Römer 3 und Römer 7 gelesen ... Kein Wort von dieser Kritik kann ich annehmen!... Wenn jemand sagt: es sind schlechte Predigten der Form nach, der Ton ist nicht würdig, oder zu frech, zu unverschämt, zu absprechend usw., siehe d a s nehme ich gerne an. Aber wenn sie mir meine Materien [Inhalt] angreifen: Solches ist mir unerträglich! Denn ich habe solches nicht aus törichten, leichtfertigen Einfällen heraus gesprochen! ...*

---

[59] Knapp, S. 31 + 255
[60] Knapp, S. 255 f.

Nicht wahr, ich bin doch sehr animos [hitzig] geworden!? Es wird dir nicht gefallen; halte mir's zugut! Es mag wohl Eigenliebe darunter stecken, aber es steckt auch etwas von Wahrheitsliebe darunter... Ich will einseitig werden, ganz einseitig, ganz auf der Seite des Herrn Jesu, welcher sei hochgelobt in Ewigkeit, trotz allen Feinden und Winkern!« [61]

Auch aus dieser heftigen Reaktion wird deutlich, wie Hofacker noch an seiner hitzigen Verteidigung überprüfte, was denn bei ihm Eigenliebe und was Wahrheitsliebe war. Die mütterliche Kritik hatte zum Ziel, dass Louis seinem Gott alle Ehre geben sollte – im Unterschied zu der Tübinger Kritik, die auf inhaltliche Mäßigung aus war.

Hofacker vermisste zwar die Mutter nach ihrem Sterben in jeder Beziehung. Er bedurfte sie jedoch nicht zur Gewissensweckung. Er selbst lebte vor Gott, »der Augen hat wie Feuerflammen«. An zwei Briefauszügen sei das deutlich gemacht:

»*Was meine Predigten betrifft, so glaube ich, dass es bei manchen Seelen ernst wird mit dem Christentum. Gott sei gelobt – und verflucht der Magister Hofacker nach seinem Hochmut, der sich darein selig verbilden will!*«[62]

»*Ach, wie viel Selbstgerechtigkeit ist in diesem Herzen! Wenn ihm alles genommen ist [Hofacker war die Gesundheit genommen, die Anerkennung vieler Zeitgenossen sowie damals – 1824 – die Hoffnung auf eine baldige Ernennung auf eine Pfarrstelle], so will das Herz doch wenigstens das aufweisen können, dass es einen redlichen Ernst habe. Armes Herz! Siehe, dein Herr hat deine Unredlichkeit schon gesehen, ehe du warest, und dies alles in den Schuldbrief hineingerechnet, den er zerrissen hat.*«[63]

---

[61] Knapp, S. 308 ff.
[62] Knapp, S. 165
[63] Knapp, S. 166

Am 29. März 1827 schrieb er einem getauften Juden nach Basel:

>»*Ach, mein liebster H., Sie überschätzen mich sehr. Aus Ihrem Briefe geht hervor, dass Sie mich für einen rechten Liebhaber Jesu halten, mit Erfahrung ausgerüstet; aber dem ist nicht so. Sehen Sie: wenn man so dasitzt auf dem Sofa drei Monate lang, an Leib und Seele geschwächt, um einen herum ein tobender Mensch oder der wenigstens in allem überzwerch ist [der gemütskranke Bruder Maximilian], eingeschneit: dann bekommt man ganz andere Gedanken als im Missionshause, von Brüdern umgeben, und in Vollauf des göttlichen Wortes. Ich versichere Sie, dass ich mich zum Trost meiner Seele den ganzen Winter hindurch an nichts halten konnte als an den Überschwang der Gnade, – das heißt an die Gnade, die über a l l e s hinaus, über Bosheit, Trägheit, Neid, heimlichen Geiz, Zorn, Widerstreben gegen den Willen Gottes hinaus, Gnade bleibt, – mit anderen Worten: Ich halte mich an den, der die Gottlosen, die Galgenschwengel, die Lumpen, das Zigeunervolk, die Mörder, die Lästerer und dergleichen gerecht macht. Lieber Freund, mit d i e s e n muss auch ich selig werden! – Nicht, dass ich immer diesen Blick hätte, – ach nein! Sondern da sind oft ganz andere Blicke. Aber eben diese letzteren machen, dass ich dann wieder zu den ersteren fliehe.*«[64]

Anlass zur fast letzten intensiven Selbstprüfung war die Herausgabe seiner Predigten. Der auf den Tod Zugehende wollte damit »gerne auch etwas nütze für die Welt gewesen« sein; »indessen ist viel Unlauteres und Eigenliebiges mit unterlaufen.«[65] Er wollte in der letzten Krankheitszeit »noch etwas Frucht schaffen«, auch die seit dem Tode der Mutter »viele freie Zeit recht nützen«. Aber er hatte keine Freude am Honorar, obwohl er's im armen Haushalt und

---

[64] Knapp, S. 251 f.
[65] Knapp, S. 270

auch für die Versorgung seines Bruders Max wohl gebrauchen konnte. Aber durfte man den armen Leuten denn so viel Geld für Predigten abnehmen? Taugten denn die als »Zeugnis« gehaltenen Predigten zum Gedrucktwerden?

> *»Ich gebe die Predigten mit Zittern heraus.« – »Wofür neue Predigten, da doch der alten schon zu viele sind?« – »Aber in die Hände der niederen Volksklassen in meinem Vaterland [Württemberg] kommen sie selten. Darum habe ich mich entschlossen, auch in meinem geringen Teile dem Reich des Teufels steuern zu helfen ... und soviel an mir ist, ein Steinchen zum Bau Zions herbeizutragen.«* [66]

All dies zeigt keine krankhafte Überängstlichkeit, sondern eine allerdings ungewöhnliche Ehrlichkeit vor Gott. Weil Hofacker bewusst vor Gott lebte, war er auch überaus kritisch gegen sich selbst und gegen die Beschwichtigungen des eigenen Gewissens.

d. Hofacker als Beter

Ein entscheidender Einschnitt im Glaubensleben von Ludwig Hofacker war es, als er erkannte: Ich muss nicht stundenlang fortbeten, dass mir »beinahe das Haar aus dem Kopf fällt«! [67] So hatte er es damals in der Holzkammer des Tübinger Stifts gehalten, als er bewusst ein anderer Mensch werden wollte. Aber von solcher »Gebets-Gerechtigkeit« [68], mit der er Gott zu gefallen suchte, wurde er befreit. Auch darin lässt sich Gott von denen finden, die ihn ernstlich suchen.

An einen Freund gingen folgende seelsorgerliche Zeilen, geschrieben im September 1822:

---

[66] Knapp, S. 310; 334; 335
[67] Knapp, S. 52
[68] Knapp, S. 124

»*Solange man durch's Gebet noch etwas aus sich selbst herausschlagen will (und ist's nicht oft so?), so steht's nicht richtig. Sondern still zu des Heilands Füßen gelegen, sich in seine Hände hinein empfohlen, seine ewige Erbarmung angesehen und ihn gefragt: ›Bin ich denn nicht dein? Bist du für mich allein nicht gestorben?‹ Wenn man Frieden darauf bekommt, sich diesen nicht mehr rauben lassen. Das ist dem Heiland angenehm. Das aber ist des Satans größeste Freude, wenn er uns vom Glauben, vom puren, nackten, bloßen Glauben an Jesu Verdienst abziehen kann.*«[69]

Beim Lesen der Predigten und der Briefe Hofackers wird man immer wieder darauf stoßen, dass er vom »Hohenpriester« Jesus spricht. Das war Hofacker zur tragenden Grundüberzeugung geworden, dass Jesus priesterlich für uns vor Gott eintritt. Wie einst für Petrus, so bittet Jesus auch für uns vor dem Vater, dass unser »Glaube nicht aufhöre«.

Getragen von dieser Gewissheit bedeutete das Beten für Hofacker nur so etwas wie ein Einklinken in dieses Fürbitten Jesu: Ja, so soll es sein! Danke dafür! – Das Beten des Christen ist wie ein zustimmendes »Amen« zum fürbittenden Beten Jesu. »Rechtes Gebet« war es nach Hofacker, etwas von diesem *Herrn* zu empfangen, »Eigenwirken« dagegen schien es ihm, wenn man meinte, durch inständiges Beten etwas zu erlangen.[70] Hofacker hat damit nur die vom Bergprediger gelegte Spur ernst genommen: Es ist nicht nötig, viel Worte zu machen, wie das Menschen anderer Religionen tun zu müssen meinen. Gebet ist vielmehr ein Anhängen an den Vater, der doch weiß, was wir brauchen.

Der »ununterbrochene Gebetsumgang«, der ihm einst so wichtig für sich und bei anderen Freunden gewesen war[71], bekam nun eine andere Gestalt.

---

[69] Knapp, S. 124
[70] Knapp, S. 144
[71] Knapp, S. 113

Er, der gerne laut und andächtig in der Gemeinschaft von Freunden so gebetet hatte, »dass das Haus erfüllt ward von edler Narde«[72], hatte Bedenken, als ein Freund eine Gebetsgemeinschaft anregte. Er wollte zwar solche gemeinschaftlichen Gebete nicht verwerfen; aber er selbst sei nicht einfältig genug dazu; bei ihm mische sich immer eine geheime Heuchelei mit ein.

Der Freund wandte ein: »Aber in den Gottesdiensten betest du doch auch aus dem Herzen! Regt sich da nicht auch die Heuchelei?« Hofacker antwortete bestimmt: »Nein«; denn an der heiligsten Stätte drängten sich ihm, vom Geist Gottes ergriffen, die Bedürfnisse des ganzen Volkes und besonders der Armen, denen das Evangelium zu predigen ist, so stark auf, dass er sie nur aussprechen könne in der Wahrheit. Wenn er dagegen mit anderen beten solle, dann komme gleich sein Ich mit ins Spiel; entweder wolle er diesen Zustand verbergen oder in einer gefälligeren Gestalt erscheinen.[73]

Dagegen, so machte Hofacker dem erstaunten Freund klar, sei neuerdings dies die gewohnteste, für ihn zuträglichste Gebetsweise: »Ich gehe in der Stille umher und sage dem Heiland mit wenigen Worten, was mein Anliegen ist.« Er wiederhole diese Worte »auf das Allereinfachste«, sogar in Schwäbisch – »in größter Armut und ohne allen Fluss der Gedanken«, so dass er sich, wenn er's vor Menschen täte, seines »dürftigen Geredes« schämen müsste. Auch würden bei ihm aus Worten oft nur noch Seufzer. Aber dabei fühle er sich am besten; denn von längeren, auf bestimmte Gebetszeiten verlegten Gebete sei er auch durch seine Kränklichkeit abgekommen, obwohl er den Segen davon für anders geführte Menschen durchaus nicht in Abrede stellen wolle.[74]

In diesem Sinn hat Hofacker auch einen geplagten Menschen aufgerichtet, der nicht mehr beten zu können glaubte. Er erinnerte ihn an »unseren ewigen Hohenpriester«. Dem dürfe man, auch wenn es täglich nur einmal sei, den Seufzer sagen: »Herr, erbarme dich!« Oder: »Herr, warum so lange?« –

---

[72] Knapp, S. 146
[73] Knapp, S. 304
[74] Knapp, S. 304

»Was meinst du, Liebster?«, so schrieb er, »denkst du, dieser Seufzer sei nicht so viel wert als ein stundenlanges Gebet? Warum ist dieser Seufzer dem Herrn so wohlgefällig? Antwort: Weil es Römer 8, 26 so geschrieben steht.« [Römer 8, 26 f.: »Wir wissen nicht, was wir beten sollen, wie sich's gebührt; sondern der Geist selbst hilft uns mit unaussprechlichem Seufzen ... er vertritt die Heiligen, wie es Gott gefällt.«][75]

Diese Ermutigung Hofackers zum Beten atmet viel Freiheit, aber auch innige Verbundenheit mit dem »großen Hohepriester Jesus«. Sie ist weit davon entfernt, zu Gebetslässigkeit zu verführen. Vielmehr machte Hofacker Mut dazu, sich den ganzen Tag über in der Gegenwart Jesu zu wissen.

Knapp fragte ihn einmal: »Was tätest du, wenn du einmal, etwa aus Müdigkeit, ohne Gebet einschliefest?« Hofacker sah ihn mit einem tiefen, innigen Blick an und erwiderte: »Dann würde mich's eben bald danach wieder aufwecken und ich würde um Mitternacht aufstehen, um dem Herrn zu danken für seine Gerechtigkeit.«[76]

Den im Sterben liegenden Hofacker bat ein ihm eng verbundener ehemaliger Mitstudent, er möge doch in der Welt Gottes für ihn beten; dort seien ja alle Bedürfnisse und alle Gefahren besser bekannt als hier auf dieser Welt. Mit sanftem Blick erwiderte der Kranke kurz: »Ja, wenn's dort so Brauch ist, so will ich dort für dich beten!«[77]

In seiner letzten Schwachheit schrieb der dreißigjährige Sterbende seine Gebetsseufzer mit Blei auf schmale kleine Papierstreifen: »O Herr, gib Geduld!« Betend mit dem Ruf »Heiland!« verstarb er.

Mit dem Gebet muss nicht der Himmel erobert, die Seligkeit muss nicht betend erkämpft werden. Die ewige Rettung hat Jesus für seine Leute schon längst erstritten. Im Himmel tritt Jesus für seine schwachen Leute vor dem Vater ein. Aber mit unserem Rufen zu Jesus praktizieren wir den Glauben: »Herr, ich will dein eigen sein!«

---

[75] Knapp, S. 125
[76] Knapp, S. 146
[77] Knapp, S. 325

Darüber soll jedoch nicht vergessen werden, wie priesterlich Hofacker mit der Gemeinde und für die Gemeinde beten konnte. Davon zeugen die Gebete des Predigtbandes und auch die Gebete im Anhang des Andachtsbuches »Ein Schrei für Jesus«.

Bewegend ist zu lesen, wie Hofacker eine Pfingstpredigt abschloss. Fast unvermittelt fragte er damals nach einer ziemlich lang geratenen Predigt: »Was soll ich weiter sagen?« Nach einer kurzen Pause fuhr er fort: »Ich will's dem Herrn sagen.« Und ohne Predigt-»Amen« ging er sogleich über in ein inniges Gebet.

Beten kann nur lebendig bleiben in einer Atmosphäre geistlicher Freiheit und routineloser Innigkeit.

e. Hofacker und die Bibel

»Ich suche in allem, was ich treibe, ... stets biblischer zu werden, damit ich, erbaut auf den Grund der Apostel und Propheten, da Jesus Christus der Eckstein ist ..., Bleibendes erbauen möge.«[78] So bekannte Hofacker schon 1822 als Plieninger Vikar.

Dieser Entschluss, »biblischer« zu werden, markiert eine Station auf dem Weg Hofackers. Die Suche nach »neuem Leben« hatte schon 1818 begonnen. Die Bibel war ihm damals noch nicht erschlossen, darum auch nicht »genießbar«.

Eine Schrift des Görlitzer Schuhmachers Jacob Böhme (1575-1624) fiel ihm in die Hände. Beeindruckt war Hofacker von dem Ernst, mit dem sich Böhme unter Schmerzen zur Wiedergeburt und zum himmlischen Wesen hindurchzukämpfen suchte. Auch Böhmes Forschen imponierte ihm, hinter jeder Erscheinung der Natur – vom kleinsten Blümlein bis hin zum suchenden Menschen – Buchstaben des göttlichen Alphabets und damit Schlüssel zum Verstehen von Gott und Welt zu finden.

Aber der lebendige Gott ließ Hofacker einen anderen, viel zuverlässigeren Schlüssel finden. Die Freunde, zu denen er im Sommer 1819 stieß, machten ihm klar: Gott hat uns in der Heiligen Schrift

---

[78] Knapp, S. 135

der Bibel den wahren Quell göttlicher Wahrheit erschlossen; die Bibel ist es, die zugleich ein Prüfstein ist für alle Erzeugnisse menschlichen Geistes!

Hofacker ließ sich rasch überzeugen. Schließlich hatte er auch noch im Ohr, was sein eigener Vater 1817 aus Anlaß des »Bibelfestes« der damals erst sieben Jahre alten Stuttgarter »Bibelanstalt« gepredigt hatte:

> *»Aus der heiligen Quelle der Bibel fließt das Gewisseste, was die Menschen wissen; das Heiligste, das sie kennen; das Höchste, was sie glauben; das Seligste, was sie hoffen! ... Die Heilige Schrift selbst bestätigt es, ... dass eine schreckliche Zeit im Anzug sei, in welcher nur bestehen kann, wer das Schwert des Geistes zu führen versteht und mit dem Worte Gottes recht bewaffnet ist.«* [79]

Weil wir heute beim Stichwort »Wort Gottes« immer zuerst an das Buch der Bibel und an die Fülle der uns erreichbaren Bibelausgaben und -übersetzungen denken, müssen wir uns klarmachen: Bis in den Beginn des 19. Jahrhunderts hinein konnten sich Bibeln oft nur Theologen und reiche Leute leisten. Für eine breite Verbreitung preiswerter Bibelausgaben sorgte erst die 1812 in Stuttgart gegründete »Privilegierte Bibelanstalt«. Diese Bibelbewegung war parallel zur Missionsbewegung von der englischen Erweckungsbewegung ausgegangen. Bis dahin – aber auch weithin in Hofackers Verkündigung – wurde der Begriff »Wort Gottes« mit dem auf den Kanzeln gepredigten, an biblischen Texten ausgerichteten »Wort« gleichgesetzt, also – wie Luther sagte – mit der »lebendigen Stimme des Evangeliums«.

Hofacker legte also das »wunderbarliche Kaleidoskop« Böhmes auf die Seite. Um so mehr hielt er sich an die Bibel. Er verstand sie buchstäblich und suchte darum nicht irgendeinen geheimen Sinn zwischen den Zeilen. Ohne sich ausdrücklich auf Luther zu berufen, fand er die bestimmte Mitte der Bibel in dem, »was Christus

---

[79] Knapp, S. 15 + 17

treibet« (Luther). Hofacker konnte seinem schwäbischen Landsmann Philipp Friedrich Hiller (1699-1769) zustimmen, der gedichtet hatte:

>»Jesus ist der Kern der Schrift,
> weil auf ihn zusammentrifft,
> was vom Alt' und Neuen Bund
> je im Buche Gottes stund.
>
> Jesu, schreibe dich allein
> durch dein Wort dem Herzen ein,
> bis wir dich von Angesicht
> schauen ohne Schrift im Licht!«

Bei Jesus aber verstand Hofacker als zentrales Anliegen den Ruf: Kehrt um! Folge mir nach! Wie Luther in der ersten seiner 95 Thesen hatte auch Hofacker begriffen, dass Jesus zur Umkehr, zur Buße und damit zu rechter Verbundenheit mit ihm einlädt.

Bücher, welche diese Mitte der Schrift ernst nahmen (wie etwa die Predigten Oetingers, die Schriften des Grafen Zinzendorf, das Buch »Christus, unsere Gerechtigkeit und Heiligung« von Martin Boos), empfahl Hofacker. Anderes, vor allem seicht-fromme Andachtsbücher, verwarf er öffentlich. So sagte er in einer Predigt:

> »*Es kann in gegenwärtiger Zeit ein Mensch den ganzen Tag im Fleischesleben dahingehen, in elendem Zeitvertreib, in seinen Lustbarkeiten und faulem Geschwätz. Am Abend vor dem Schlafengehen greift er nicht nach der Bibel, sondern nach seinem Erbauungsbuch, in dem das Modechristentum gepredigt wird. Wovon handelt sein Erbauungsbuch? Von dem Meer, von der Sonne, Mond und den schönen Sternen, von einem guten Vater, der seine Kinder tun und treiben läßt, was sie wollen, und ohne Anstand [Bedenken] alle in den Himmel nimmt [gemeint war das viel benutzte Erbauungsbuch »Stunden der Andacht« von Heinrich Zschokke]. Das liest er, und schläft nun, ohne in seinem Gewissen bestraft und beunruhigt*

zu sein. Man hat seine eigene Religion gemodelt und sich Lehrer aufgeladen, nach denen einem die Ohren jucken ... Ist es ja doch an manchen Orten so weit gekommen, dass man die evangelische [wirklich evangeliumsgemäße] Lehre für eine ketzerische, neue Lehre ausruft (ausgibt), weil sie dort schon so lange nicht mehr gehört worden ist.« [80]

Hofacker wusste, dass auch bei wohl gemeintesten Schriften und Büchern sich viel Menschliches miteinschleicht:

»Das Beste ist und bleibt die Bibel. In menschlichen Schriften gibt sich immer der eigene Geist der Verfasser kund, auch wenn er erleuchtet und vom Geist des Herrn durchdrungen ist. Nicht so die Bibel ... Menschliche Schriften sind subjektiver. Darum liest man sie auch lieber. Die Heilige Schrift ist objektiv.« [81]

Weil dies Hofackers Überzeugung war, darum konnte er einem Menschen schreiben, der sich viel mit Mystik abgab:

»Der Mystiker will eine Heiligkeit der Engel, wobei man zuletzt die Versöhnung nicht mehr braucht ... Der Mystiker will über sich wachsen, wir aber unter uns! ... Mühen Sie sich nicht ab, Außerordentliches zu erfahren, sondern halten Sie sich allein an Gottes Wort. Gott gibt uns durch's Wort viel Solideres als unmittelbar durch Inspirationen, wenn ich es so sagen darf. Die Hauptsache ist, dass wir unser Herz vor Ihm stillen können, und dies gibt er durch's Wort.« [82]

Darum war Hofackers Rat, der bis heute wertvoll ist:

---

[80] Predigten, S. 918
[81] Knapp, S. 103
[82] Knapp, S. 252

»Gewöhne dich nur recht an die Bibel. Lies sie alle Tage. Betrachte sie. Bitte Gott um Segen aus dieser Quelle. Gib dich nicht so viel mit anderen, wenn auch guten Schriften ab. Wer Freude an der Bibel bekommt, dem ist darin eine Quelle aufgeschlossen, die nie mehr versiegt, sondern ins ewige Leben hineinquillt. Es liegt viel, viel, viel in der Bibel, mehr als sich sagen läßt; der Herr kann einem darin Unaussprechliches aufschließen. Und dabei muss man nur kein System mit hineinnehmen, auch das beste nicht! Sondern sich hinsetzen wie ein Kind, alles in Demut betrachten und denken: ›Ich bin doch sehr begierig zu wissen, was mein Gott spricht!‹ Wir kennen gewöhnlich schon so viel, wissen schon alles, – darum hat die Bibel nichts Neues für uns. Aber fange einer einmal an, nichts zu wissen und nur zu lernen, – dann wird ihn die ewige Wahrheit lehren!«[83]

f. Hofacker wollte nicht als Märtyrer bemitleidet werden

Als Hofacker, von seinen Leiden schon ausgezehrt und entstellt, im Lehnstuhl saß, trat ein Junge des Dorfes in sein Zimmer. Als er den Schwerkranken sah, zuckte er zusammen. Hofacker sagte freundlich: »Gelt, du liebes Kind, du erschrickst vor mir, weil ich so krank und elend aussehe. Aber ich werde bald zum Heiland kommen. Da darf ich meinen alten Körper, dieses unkenntlich gewordene Pilgerkleid, ausziehen und mit einem viel schöneren und herrlicheren Aussehen vertauschen.«

Beim Schwerkranken war kein christusähnlich gewordenes Antlitz zu entdecken. Hofacker konnte es auch nicht leiden, wenn Besucher bedauernd klagten: Es sei doch eigentlich unbegreiflich, dass Gott ihn so früh wegnehme; er könnte ihn noch lange als auserwähltes Rüstzeug brauchen! Hofacker hatte die Antwort bereit:

---

[83] Knapp, S. 266

»Darin sehe ich nichts weniger als ein Wunder oder Rätsel. Es ist mir vielmehr eine ganz natürliche Sache. Hätte ich meine Jugendjahre besser angewandt und meine Jugendkräfte treuer benützt, so hätte ich mein Leben höher bringen können und wahrscheinlich auch höher gebracht. Die Kräfte, die mir der Teufel und die Sünde nicht geraubt haben, haben sich unter dem Gesetz Moses verzehrt [er dachte an die Zeit seiner fanatischen Askese], und das übrige Teil ist von meinen Krankheiten hinweggerafft worden.« [84]

Kein Wort frömmlerischer Art kam also aus seinem Mund, etwa, dass er eben jetzt »die Leiden Christi« miterleide oder dass es eben »immer nur durch Leiden zur Herrlichkeit« gehe. Fromme Deutungen und Sinngebungen widerstrebten ihm.

So etwa auch, als ein Freund mit bester Absicht, doch etwas schlicht meinte: »Der Heiland wird dir in jener Welt schon einen Wirkungskreis anweisen, wenn er dich schon hier wegnehmen will. Für die zahllosen Ankömmlinge aus der Heidenwelt braucht doch der Heiland Missionare!«

Hofacker sagte darauf nur: »Meinst du denn, dass drüben ein Pfarrer sein muss, wer es hier gewesen ist? Vielleicht muss ich drüben, statt zu predigen, in der Kinderlehre stehen, aufsagen und als Nichtskönner erfunden werden!« [85]

Nein, als Märtyrer wollte Hofacker nicht bemitleidet sein! Aber die ganze Krankheitsgeschichte kann Hofackers Konzentration auf das Wesentliche verständlich machen. Wenn er meinte, »meines Bleibens an einem Ort ist nicht lange«, dann bezog sich das nicht allein auf die besondere Art seines auf Entscheidung drängenden Predigtstils. Sondern er war wegen der überaus kurzen Phasen seines Wirkens genötigt, »im Sturmschritt auf die Herzen zuzugehen«. Weil er in der »Ernte des Herrn« die »Sichel schon wieder fallen lassen musste, kaum dass er sie zur Hand genommen hatte«, darum

---

[84] Knapp, s. 329 f.
[85] Knapp, S. 321

musste er »Jesus als Gekreuzigten den Seelen vor die Augen malen, solange ein Athem« in ihm war.[86]

Er, der auf der Stuttgarter Leonhardskanzel seinen »Schrei« getan hatte, wollte so gerne in Rielingshausen noch einmal zwei bis drei Jahre lang seinen »Schrei« tun. Als dann die Krankheit überhand nahm, hatte er den einen großen Wunsch:

> *»Nur noch einmal möchte ich die Kanzel betreten, auch wenn man mich hinauftragen und ich mich dort setzen müsste; dann wollte ich den Zuhörern noch einmal die freie Gnade so recht von ganzem Herzen verkündigen!«*[87]

Erstaunt über sich selbst bekannte Hofacker einem Freund – es war ein Jahr vor dem Sterben:

> *»Ich weiß nicht, wie mir's ergeht. Ich gedachte, in Rielingshausen eine ruhigere, erbaulichere Sprechart anzunehmen. Aber ich bin unversehens wieder in meinen Stuttgarter Ton geraten und es scheint mir, ich mache es beinahe noch schärfer. Aber ich kann nicht anders!«*[88]

Hofacker konnte nicht anders, als er schon 1823/24 in Stuttgart zu predigen genötigt war. Damals hatte er bekannt:

> *»Es ist mir bei meiner hiesigen Tätigkeit immer, als ob es hieße: ›Rufe laut und schone nicht!‹ Weil ich hier, als Vicarius nämlich, nur eine Pilgerhütte aufgeschlagen habe, so trachte ich danach, in jeder Predigt alles zu sagen, den ganzen Weg des Lebens, – und mit aller Macht, die mir der Herr schenkt, zu der gekreuzigten Liebe einzuladen. Wohl könnte ich auch speziellere Materien abhandeln. Aber wenn ich's tun möchte, dann schweben mir so viele arme Seelen vor, die oft genug Stroh*

---

[86] Knapp, S. 180; 253, 352, bes. S. 244
[87] Knapp, S. 322
[88] Knapp, S. 246

statt Futter kriegen, und es tritt mir der Befehl des Herrn, Buße und Vergebung der Sünden in seinem Namen zu verkündigen, vor das Herz.« [89]

Das Ahnen, wegen des geschwächten Körpers und der angegriffenen Nerven nicht mehr viel Zeit zu haben, gab dem Wirken Hofackers eine neutestamentliche, ja jesus-gemäße Dringlichkeit: »Wir müssen die Werke dessen wirken, der mich gesandt hat, solange es Tag ist; es kommt die Nacht, da niemand wirken kann« (Joh 9, 4).

Dr. John Stott, der evangelikale Theologe aus London, spricht immer wieder davon, dass zu rechter Jesusverkündigung der »sense of urgency« gehöre, also das Gespür für Dringlichkeit. Daran kann uns auch Hofacker erinnern. Er will nicht als vielfach geplagter Mann bemitleidet werden. Sondern er soll uns anstecken können mit der Überzeugung: »Die Sache des Königs ist eilig!«

g. Hofacker als Pfarrer

Hofackers Breitenwirkung war offenkundig. Sie wurde erzielt – mehr noch als durch die Tausende seiner Predigthörer und auch mehr noch als durch das breit gestreute Predigtbuch – durch die ihm nahe stehenden Pfarrer der »Circular-Correspondenz« und der »Stuttgarter Predigerkonferenz«; sie hatte ab 1831 in dem von Pfarrer Christian Burk redigierten, wöchentlich erscheinenden »Christenboten« ein weit reichendes Publikationsorgan.

Landeskirchliche Pfarrer waren es, die – von Hofacker angestoßen – ihren vornehmlichen Auftrag darin sahen, »die Seelen der Menschen zu suchen«. Die württembergische Erweckungsbewegung des 19. Jahrhunderts war nicht geprägt durch eine fromme Atmosphäre, die sich über das Land hin ausbreitete; vielmehr erfasste der unausweichliche Ruf zu echtem, lebendigem Glauben einzelne Pfarrer und durch sie einzelne Gemeindeglieder. Das ist nachweisbar bis hin etwa zur Stuttgarter Wirksamkeit des Stifts-

---

[89] Knapp, S. 135

kirchenpfarrers D. theol. Sixt Carl von Kapff; 1852 hat er liebend gerne sein angesehenes Prälatenamt vertauscht mit der intensiv wahrgenommenen Seelsorgeaufgabe in der Stuttgarter Innenstadt.

Hofacker selbst war nur eine erschreckend kurze Zeit der pfarramtlichen Wirksamkeit vergönnt. Um so mehr überrascht die Reife seiner Ratschläge für Pfarrer.

Etwa die vehemente Klage über den Verwaltungskram, mit dem man das Pfarramt belaste. Es sei an der Zeit, dass dies aus der Kirche hinausgepeitscht würde; denn es nehme der Seelsorge so viel Zeit weg.[90]

Seelsorge jedoch werde erst dort möglich, wo der Pfarrer einen Zugang zu den Menschen und ihren Herzen habe. Er dürfe sich nicht in seiner Studierstube verschanzen, sondern müsse zutraulich und herzlich gegen alle Glieder der Gemeinde sein; er müsse teilnehmend den Kontakt mit ihnen suchen. So könne es auch für Glaubensdinge einen Zugang zu den Herzen geben.[91]

Pfarrer sollten auch nicht so sehr darüber klagen, dass sie nicht genug verdienen: Es könne doch auch – gerade wegen des Mitfühlens mit den ärmeren Gemeindegliedern – ein Vorrecht sein, ein wenig kurz gehalten zu werden.[92]

Wichtig war Hofacker auch, dass Pfarrer keine Vorurteile gegen Pietisten nähren sollen: »Achtet jeden, dem es ernstlich um die Seligkeit zu tun ist, mag er auch Eigenheiten, ja selbst Abgeschmacktheiten haben, welche er will! Wir alle haben genug Torheiten und Eigenarten an uns!« Das den Pietisten Angedichtete sei entweder nicht wahr, oder selbst dann, wenn es wahr sei, in falschem Licht betrachtet und meist auch schadenfroh vergrößert.[93]

Breiten Raum nimmt unter Hofackers Ratschlägen an Pfarrer das Thema der erwecklichen Predigt ein. Nach dem Willen Jesu seien die Gaben verschieden verteilt. Neben den Aposteln, Propheten und Evangelisten gebe es nun einmal auch notwendigerweise die Hirten und Lehrer. Neben den Hirten, welche die Schafe in den Stall

[90] Knapp, S. 97
[91] Knapp, S. 149
[92] vgl. Knapp, S. 172 f.
[93] vgl. Knapp, S. 85 f.

treiben, müsse es auch Hirten geben, welche die Schafe im Stall recht füttern, damit sie nicht verhungern oder ausreißen. »Wer aber nur füttern will, wird diejenigen, die noch irren, nicht so leicht zu der ungewohnten Nahrung herbeilocken.« Seine, Hofackers, Sache sei es, »einen Eklat, ein Geräusch und ein Aufsehen« zu machen. Aber oft komme man bei stillerem Wirken weiter und dringe auch tiefer. Auch sei ein Pfarrer, der keinen Beifall finde, viel näher am Reich Gottes, als wenn einem Verkündiger die »Leute überall hin nachlaufen«. Denn für einen Prediger des Evangeliums gebe es keine größere Sünde als die Selbstgefälligkeit. Die sei gefährlicher als das Räsonnieren von Kollegen, hinter dem schlicht Neid stehe. Schließlich sei die Welt »überaus flach und bestechlich« – auch darin, dass Menschen hinter einzelnen frischen und begabten Predigern herlaufen und so den älteren und gediegeneren Zeugen die Zuhörerschaft verringern. Trotzdem: »Wenn irgend etwas, so tut unserer schläfrigen Zeit das erweckliche Predigen not.« Wer darum an sich etwas von Gaben der erwecklichen Verkündigung erkenne, soll diese mit allem Fleiß anwenden, entwickeln und ausbilden«. Das Entscheidende sei dabei »eine gewisse Herzlichkeit«; man müsse es dem Prediger abfühlen, dass er das Heil der Seelen sucht.[94]

Aber hinter all diesen Ratschlägen für Pfarrer stand als hauptsächliches Anliegen das, was Professor Julius Schniewind (1883-1948) die »geistliche Erneuerung der Pfarrerschaft« genannt hat. In solcher Erneuerung wollte Hofacker selbst vorangehen, indem er sich täglich von Gott korrigieren und durch Gott ausrichten ließ. Er bekannte:

> »Mein Christentum muss mehr in das tägliche Leben hinein... in das tägliche Verleugnen der geringsten Dinge, in das Sich-Hunzen-Lassen, in das Zusammenhalten der Gedanken, in die Tötung der Eigenliebe im Kleinen, kurz: Mein Wandel muss mehr vor dem Herrn geführt werden!... Wir tun so viel auf eigene Faust... ohne uns zu fragen: ›Gefällt es denn ihm oder nicht?‹ Diese geistliche Gedankenlosigkeit ist etwas Arges und nimmt viel Kraft!«[95]

---

[94] vgl. Knapp, S. 87, 164, 281 f., 301, 355 f.
[95] Knapp, S. 171

Das Predigen sah Hofacker nicht als »Kanzelrede«, erst recht nicht als »Unterhaltung des sogenannten gebildeten Publikums« an, sondern als Kampfgeschehen. Jesus hat einmal den Vergleich vom »Stärkeren« gebraucht, der in den Palast des Starken eindringt, um ihn zu überwinden (Mt 12, 28 f.). Im Anschluss an diesen Vergleich hat Jesus dazu aufgefordert, »mit ihm« zu »sammeln« und nicht zu »zerstreuen«. In diesen Worten kann man Hofackers Predigtprogramm finden. Er wollte predigend »mit Jesus« um Menschen ringen.

Deshalb mühte er sich, bis hinein in seine Formulierungen, einfacher zu werden. Auch Freunde wie Albert Knapp warnte er davor, die Hörer mit biblisch-schöner Sprache zu überstürmen. Weil die Menschen in göttlicher Erkenntnis weiter zurück seien, als wir oft denken, müsse man aufs Allereinfachste sagen, was zu ihrem Heil dient. Man müsse den Text und seine Hauptwahrheit mehr in allgemeinen Tagesworten erklären. »Man kann nicht populär genug reden, nicht deutlich genug!«[96] Denn »offenbar liegt's am Menschen selbst«, dass er nicht »ernst machen« will mit Jesus; »er will es nicht zu etwas Rechtem kommen lassen«.

Darum war Hofacker kreativ im Schildern von konkreten Situationen des Abblockens: der Geizige rühme sich seiner Sparsamkeit, der Eigensinnige seines festen Willens, der Stolze seines Edelmutes, der Verschwender seines guten Herzens; Christentum werde Pietisterei genannt, Jesus werde zum Tugendlehrer degradiert, um nur nicht einen Heiland zu brauchen.[97]

> *»Der eine spricht: ›Ich tue das, was ich kann, und wo ich dann fehle, muss Gott es mir vergeben!‹ Der andere: ›Die Vernunft ist meine Richtschnur … und was ich nicht begreife, danach kann Gott auch nicht fragen bei mir‹; der Dritte: ›Ich bleibe bei dem Spruch: Wer Gott fürchtet und recht tut, der ist ihm angenehm; das andere in der Bibel ist unwesentlich und geht uns nimmer an!‹ … Jene Sprüche sind gewöhnlich nur*

---

[96] Knapp, S. 230 f.
[97] Predigten, S. 674 f.

> Bekenntnisse des Unglaubens und ihrer Widrigkeit gegen das eine ewige Evangelium, das den Sünder demütigt und die Armen zum Himmel heben will!«[98]

Weil Jesus gekommen ist, Gebundene zu befreien, darum wollte Hofacker ein Handlanger dieses exorzistisch handelnden Christus sein.

Aber der »Hauptruf« sollte darin bestehen, den »unaussprechlich guten Heiland anzupreisen«[99]: »Es ist alles umsonst, was gepredigt wird, – umsonst ist alles Bibellesen, alles Beten und alle Erbauung, wo dadurch nicht Jesus groß, wichtig und unentbehrlich wird.«

Wie ging Hofacker das Herz und der Mund auf bei diesem seinem »Hauptruf«!

> »Jesus hat ein Recht auf uns, ein ewig gültiges Recht. Er ist unser rechtmäßiger König. Nicht das Geld ist dein König und Herr, nicht deine Äcker und Güter sind's! Nicht der Teufel ist's oder die Welt! Jesus ist es! Niemand als Jesus! Du gehörtest ihm, als du noch in deiner Mutter Leib lagest. Du gehörtest ihm, als du in diese Welt hineingeboren wurdest. Du gehörtest ihm in den Tagen, da du ferne von ihm nur deinem eigenen Willen folgtest. Heute, heute, gehörst du ihm! Und ob dich der Satan mit tausend Stricken gebunden hätte, du bist doch ein Untertan und Eigentum Jesu; denn er hat dich geschaffen. Mehr noch: Er hat dich erlöst, erworben und gewonnen von allen Sünden, vom Tod und von der Gewalt des Teufels, auf dass du sein eigen seiest. Er ist dein König! Wer will ihm dieses Recht streitig machen?«[100]

Trotzdem blieb auch für Hofacker die Frage, die rechte Evangeliumsverkündiger immer umtreiben muss: Wie kann ich denn die Einladung zum Glauben so zum Hörer hinüberbringen,

---

[98] Predigten, S. 543
[99] Knapp, S. 92 f.
[100] Predigten, S. 10

dass diese wirklich Glauben weckt? Also nicht nur emotinale Strohfeuer-Begeisterung! So etwas wäre durchaus auch in der Luft gelegen; denn der Beginn der sogenannten Romantik wird für den Bereich der Musik etwa auf 1821 angesetzt. Die Tübinger Examenskommission hatte Hofacker bescheinigt, dass er fähig dazu sei, »die Herzen zu bewegen«. Aber weil es Hofacker um Weckung wahren Glaubens ging, darum dämmte er bewusst das Gefühlsbestimmte, das Bilderreiche, das Geheimnisvolle ein.

Wie aber kann dann der Hörer erreicht werden? Die Frage wird dorch erst recht brennen, wo die »Torheit« des gekreuzigten Jesus verkündigt werden soll. Da gleicht dann die Predigt vollends einem Drahtseilakt ohne Balancehilfe und ohne Netz. Auch Hofacker lehrte keine Tricks. Aber als Verkündiger lebte er vor, dass es auch beim Predigen so etwas bedarf wie des »Glaubens-Sprungs«.[101] Der Verkündiger darf sein Werk in die Hände Jesu abgeben. Denn »ohne Ihn kann ein Lehrer des Evangeliums nichts tun!«[102]

Die kurzen Gebete, mit denen Hofacker seine Predigten einleitete und abschloss, sind Beispiele für solchen »Glaubenssprung« des Verkündigers. Sie sind gestimmt auf den Ton: Nun übernimm du selbst, Herr Jesus, deine Sache, die ich in aller Schwachheit bezeugte!

---

[101] vgl. Knapp, S. 168
[102] Predigten, S. 835

V. Die große Entdeckung Hofackers

Bei Hofacker können Entdeckungen gemacht werden. Bis heute kann er Menschen dazu anregen, ihr Christsein ernsthafter zu leben.

Aber Hofacker wollte kein »neuer Mose«, kein Einschärfer christlicher Verhaltensregeln sein. Sein Weckruf war: Schaut auf Jesus, nicht auf mich! Jesus ist »mein Mann«! Er ist auch dein Mann! In Eindeutigkeit hat dies Hofacker bezeugt:

> *»Es ist nun einmal der Wille des Vaters, dass durch den Sohn alles gehe; dass derselbe, durch den er die Welt gemacht hat, auch der große Wiederhersteller der gefallenen Welt sein soll; dass der Sohn Oberhaupt sein soll über alles, was genannt mag werden im Himmel und auf Erden, dass alle gefallenen Geister nur im Sohn sollen ihre Seligkeit suchen und finden; dass man den Sohn ehren soll, wie man den Vater ehrt; und dass, wer nicht glaubt an den Sohn Gottes, geoffenbart im Fleisch, über solchem der Zorn Gottes bleibe. Der Vater hat zum Sohn gesagt: ›Setze dich zu meiner Rechten, bis ich lege deine Feinde zum Schemel deiner Füße.‹ Wer sich nun dieser Ordnung Gottes widersetzt, ihr sich nicht fügt, wer meint, er sei zu klug dazu, wer meint, er sei über das hinausgewachsen mit seinem Verstand – wer also dem Heiland, dem Sohn, die Ehre nicht gibt, die ihm gebührt, und sich nicht als armer Sünder unter den beugt, der gekommen ist, Sünder selig zu machen, wer seine Seligkeit und alle Gnade und alles göttliche Leben und alle Vergebung der Sünden und alles, was eine unsterbliche*

Seele bedarf, nicht von dem Sohne holen will, sondern andere Wege und Künste sucht, wer in den Schafstall hineinkommen will, aber nicht durch die Türe, die da heißt Jesus Christus, – der ist ein Dieb und Mörder. ›Wer nicht glaubt‹ – sagt der Heiland – ›der wird verdammt werden.‹ Das heißt, der hat keine Gnade, keine Barmherzigkeit zu hoffen. Alles, was er sich vorstellt von Barmherzigkeit Gottes, ist ein eitler Traum und Wahn; ...

Liebe Zuhörer! Christus ist der allerunentbehrlichste Mann für einen Sünder. Er ist unentbehrlicher als das tägliche Brot, unentbehrlicher als die Kleider. Doch was brauche ich solche Gleichnisse? Wenn man nicht sterben, nicht ewiglich sterben will, so muss man Ihn haben! Ohne Ihn ist das Leben ein elender, schwerer Traum. Ohne Ihn bleibt das arme Herz unbefriedigt und unselig. Ohne Ihn ist der Tod erst ein Tod, und die Ewigkeit Schrecken und Finsternis. Ach, was sind wir ohne Jesus? Ja wohl elender als elend, jämmerlicher als jämmerlich, bloßer als bloß, – so elend und jämmerlich, dass der ganze Himmel über unser Elend weinen möchte.«[103]

Dass Jesus Christus so als *der* zentrale Heilsbringer herausgestellt wird, das war – und das ist auch heute – ungewöhnlich in einer Christenheit, die lieber verschämt von Gott als klar von Christus spricht. Die Freunde um Hofacker jedoch hatten gerade im Zutrauen zu Jesus ihre gemeinsame Basis und Mitte.

Aber dann brach in diesem engverbundenen Freundeskreis eine »Kontroverse« auf. Im einzelnen lässt sie sich nicht mehr erhellen. Nur so viel ist deutlich: Um das Jahr 1826 haben die fast täglich einander besuchenden Freunde Christian Gottlob Barth, damals Pfarrer in Möttlingen, und August Osiander († 1834), ehemals hochgeachteter Tübinger Stifts-Repetent und damals Pfarrer in Münklingen, ein »System der Wahrheit« entwickelt.[104] Auch sie trauten Jesus das Entscheidende zu. Aber für sie bestand das Entscheidende darin,

---

[103] Predigten, S. 686 f.
[104] Werner, S. 63 ff.

dass Jesus als »Heiligmacher« die Glaubenden sich ähnlich macht. Jesus verleihe durch den Kanal seiner Menschheit Heilungskräfte, die ihr Ziel im geheiligten Menschen hätten. Den Glauben brauche man zum Ergreifen der Vergebung; aus ihm aber erwachse das Lebendigwerden mit Christus.

Die Auseinandersetzung mit diesen Freunden ließ den Kreis der »Circular-Correspondenz« und der Predigerkonferenz beinahe zerbrechen. Für Hofacker jedoch erbrachte die heftig geführte, dann aber bewusst abgebrochene Diskussion letzte Klarheit über die zentrale Bedeutung gerade auch des gekreuzigten Jesus. In seinem die Kontroverse bewusst abbrechenden Briefbeitrag schreibt Hofacker im Juni 1827:

> *»Was ist nun zu machen? – Ich bekenne hiermit, und will's vor euch allen, ihr Brüder, bekannt haben: dass ich den Mann, der am Kreuz geschändet ward, für die einzige Ursache meiner Seligkeit halte in Zeit und Ewigkeit, – nicht bloß insofern, dass ich durch seine Todes- und Auferstehungskraft zu irgendeiner Tüchtigkeit im Reiche Gottes gelangen kann; das kann er mir geben, wenn er will. Aber er soll, auch wenn er's gibt, es nur vor meinen Blicken verbergen, damit ich kein Lucifer [also einer, der mit geraubtem Licht zu glänzen versucht] werde, – ja, einzig und allein d a r u m , weil er mir die Seligkeit verdient hat, und ich ein Lohn seiner Schmerzen werden darf, welches ich für die höchste Gnade erkenne. Ich will als ein armer Sünder selig werden, als ein Schächer [Verbrecher, Übeltäter], dem die blutigen Wunden des Sohnes Gottes die Bahn gebrochen haben vor achtzehnhundert Jahren.«*[105]

Das war ein deutlicher Protest gegen die Vorstellung, man könne und solle durch die Gnade Jesu aufsteigen in eine vollendete Gemeinschaft mit Jesus. Hofacker setzte dagegen: Mit dem »Aufsteigen« ist es nichts! Vielmehr müssen wir in das »Armesündergefühl«

---

[105] Knapp, S. 272; Spuren der Auseinandersetzung finden sich auch in einer Predigt, siehe Predigten S. 95

hinuntersteigen und so Christus als Heiland der Sünder finden. Wer sich als Sünder mit all den »traurigen, entsetzlichen Dingen, die er in seinem Herzen findet«, beim Sünderheiland Jesus birgt, der findet sich dort wieder in einem schützenden, herrlichen »Palast«. In ihm gibt sich Jesus in seiner ganzen Gnade und Wahrheit zu erkennen; – »nur hier, sonst nirgends!« Solch glaubendes Sich-Bergen der Sünder beim »Sünderfreund« Jesus »dient zur Verherrlichung *Christi*«.

Darin bestand die große Entdeckung Hofackers – anläßlich der notvollen Kontroverse sowohl theologisch als auch seelsorgerlich durchreflektiert: Wie nirgends sonst erweist sich im Kreuzestod Jesu für Sünder die Zuwendung Gottes zu einer von ihm abgefallenen und durcheinander geratenen Menschenwelt! Dort wird Gott verherrlicht, wo Sünder bis in die Ewigkeit hinein den für sie gekreuzigten Heiland brauchen. Nur dort gibt es Gewissheit des Heils, wo Sünder ausschließlich auf Jesus vertrauen, anstatt auch noch darauf zu starren, ob es bei ihnen auch wirklich zu einem jesusgemäßen Leben gekommen ist.

Jesus hat uns erlöst, *weil* wir Sünder sind und bleiben, nicht *obwohl* wir Sünder sind. Jesus hat uns erlöst von unseren Sünden, *damit* wir allein auf ihn bauen in Ewigkeit, nicht *dazu*, das neue Leben am eigenen Leib zu erfahren (»was der Glaube bei solch einem System sei, weiß ich nimmer«, sagte Hofacker). Für Hofacker war

> *»Christus, der Gekreuzigte, der Mittelpunkt des neuen Lebens, des Lebens aus Gott. Von diesem Mittelpunkt gehen alle Bewegungen und Regungen des geistlichen Lebens aus, auf diesen Mittelpunkt führt alles zurück; Er ist der eigentliche Gegenstand des Glaubens, der Liebe, der Hoffnung, die ewige Quelle, aus welcher der Glaube, die Liebe und die Hoffnung schöpft. Wer darum das Kreuz Christi predigt, der offenbart eben damit das Höchste und Tiefste, das Heimlichste, das eigentliche Wesen des Reiches Gottes.«* [106]

---

[106] Predigten, S. 233

Durch die Entdeckung der zentralen Heilsbedeutung gerade des gekreuzigten Jesus wurde für Hofacker nur noch verpflichtender, Christus als den unvergleichlichen Heiland zu bezeugen:

> *»Nur Christus ist's, was uns durchbringt, liebe Zuhörer! S e i n Leben muss es tun, nicht m e i n Leben! S e i n e Liebe, nicht m e i n e Liebe! S e i n e Geduld, nicht m e i n e Geduld! S e i n Gebet tut's, nicht m e i n Gebet!«*[107]

Diese zentrale Schau Jesu verhalf Hofacker auch zu letzten Klärungen in anderen Bereichen.

»Bekehrung« konnte jetzt nicht mehr nur ein wichtiges Datum am Beginn des Glaubensweges sein. Vielmehr ist Bekehrung ein »immer tieferes Innewerden der Versöhnung«[108]. Sie besteht in einer ständigen Zusammenschau des Endes von Römer 7 (»Ich elender Mensch! Wer wird mich erlösen...?!«) mit dem Anfang von Römer 8 (»So gibt es nun keine Verdammnis für die, die in Christus Jesus sind!«). Auffallend bleibt, dass Hofacker den Begriff »Bekehrung« überaus selten gebrauchte. Ihm ging es um die Gemeinschaft mit Jesus und um »den ganzen Weg des Heils«.

»Glaube« bestand für Hofacker darin, sich vertrauensvoll dem Heiland Jesus anzuvertrauen – in der gespannten Erwartung darauf, dass Jesus sein Festhalten durchhält. Der »Sprung« hinein in den Glauben, zu dem Hofacker dringlich einlud, war für ihn so etwas wie ein Sprung hinein in tragendes Element:

> *»Hier ist ein Meer von Liebe und Erbarmung! Wer wagt es, in dieses Meer hineinzuspringen? Wer ist so keck? Wer wagt es, seine Seele zu erretten?«*[109]

Glaube war es, als der sterbende Hofacker sich entschloss, es einfach gelten zu lassen »und des Heilands Liebe und Gnade zu

---

[107] Predigten, S. 100
[108] Knapp, S. 353
[109] Predigten, S. 751; vgl. auch Knapp S. 168

glauben«, der »ständig seine gekreuzigten Liebesarme gegen mich ausbreitet«.

»Heiligung« war ein Thema, bei dem Hofacker auffallend zurückhaltend blieb. Aus seinem eigenen Ringen wusste er: Der Mensch versucht viel lieber, durch allergrößte Anstrengung zu Gott aufzusteigen, als »dass er dem gekreuzigten Heiland erlaubt, dass er ihn begnadigt ... Keiner soll sagen, dass er bekehrt sei«, bevor er nicht dieses geschehen ließ.[110] Der Mensch schaudere zurück vor dem Moment, wo er sich ganz aufgeben soll, um sich ganz Christus anzuvertrauen.

Hofacker bestritt nicht, dass es in der Gemeinschaft mit Jesus auch »Früchte« des Glaubens gibt. Aber er nahm Worte wie Galater 2, 20 heilig ernst: »Ich lebe, doch nun nicht ich, sondern Christus lebt in mir!« Da bestimme dann nicht mehr der Glaubende, wo Heiligung geschehen müsse und wie sie aussehen soll; es sei der majestätische Jesus selbst, der führe – auch oft dorthin, wohin der Glaubende gar nicht will.

> *»Wir trauen uns so viel zu, dem Heiland so wenig! Auf uns wollen wir alles wagen, auf den Heiland nichts! Ist das nicht jämmerlich? Steht etwa das in der Bibel? Nein! Aber es steht drin, dass Gott ›vorhält den Glauben an Jesus jedermann‹, er heiße A. oder B.!«*[111]

Darin bestand die große Entdeckung Hofackers: *Vor* allem guten Wollen, *vor* aller Heiligung, *vor* allem Sehnen nach Bekehrtsein, *vor* aller Frömmigkeit, *vor* allem Einsatz für Kirche und Welt, *vor* allem: *Jesus!*

Wer an Hofacker bemängelt, er habe die Weltverantwortung des Christen ebensowenig im Auge gehabt wie das Wesen der Kirche als »Salz der Welt«, der hat Hofacker nicht im Entferntesten verstanden. »Der Heiland ist's, der alles macht!«, darin bestand Hofackers Gewissheit. Wohin jedoch der bis heute wirkende Jesus seine

---

[110] Knapp, S. 169
[111] Knapp, S. 167

Leute führt, das bestimmt er selbst, nicht aber Menschen, die festlegen wollen, was dran sein soll im Politischen, Sozialen, Diakonischen und Missionarischen.

Hier seien nur einige Bereiche erwähnt, in die hinein die glaubensweckende Predigt Hofackers – wie von selbst – mündete:

Die stark auf die Hofackerschen Impulse zurückgehende württembergische Erweckungsbewegung um die Mitte des 19. Jahrhunderts war trotz bitterer Armut bereit, mit hoher finanzieller und personeller Opferbereitschaft die vielen freien Werke zu tragen, die für Weltmission, Diakonie und Bibelverbreitung entstanden waren. In den Gemeinden brach gerade unter den Laien erstaunliche Bereitschaft zur Mitverantwortung auf, ohne die das Entstehen der örtlichen Kirchengemeinderatsgremien undenkbar gewesen wäre. Das zuvor stark binnenorientierte Württemberg bekam durch öffentlichkeitswirksame Missionsaktivität den Horizont weltweit geöffnet. Hofackers Freund Andreas Bräm trug die Fackel diakonischer und missionarischer Verantwortung bis an den Niederrhein. Wo zuvor Kirchengeschichte als reine Männerangelegenheit behandelt worden war, da entdeckte Hofackers Freund Christian Burk die Bedeutung der Frau für die Christenheit; er verfasste eine Sammlung von Biografien christlicher Frauen.

Das ist unüberbietbare Gnade, höchste Seligkeit, dass ich als sündiger Mensch, der bis ans Grab viel Fehler an sich entdeckt, um des gekreuzigten Jesus willen und durch den Hohepriester Jesus ewig gerettet werden kann! Das war die Entdeckung Hofackers. Was er schon zuvor – mehr ahnend als theologisch reflektiert – gepredigt hatte, das war ihm nun letzte Gewissheit geworden.

Noch stärker als je zuvor wollte Hofacker vom »gekreuzigten Jesus« aus denken und ihn verkündigend so darstellen, »dass er von aller Augen gesehen würde!«

Denn das hatte er schon damals mit Schrecken bei seinen Gesprächspartnern erkannt: Wenn das Eigentliche des Christseins im neuen Leben des Christen besteht, dann hätte es eigentlich des Kreuzes Jesu nicht bedurft. Bis heute kann man dort mit dem gekreuzigten Jesus nicht viel anfangen, wo die weltverändernde Kraft der Christen als das Eigentliche am Christsein ausgegeben wird. Das

Kreuz wird dann reduziert zum Logo, zum Piktogramm, welches die Kirche symbolisiert; es wird eingeschränkt zum Sinnbild für unschuldig Leidende aller Zeiten. Darum kann Hofacker bis heute entdecken lehren: Der gekreuzigte Jesus ist der Mittelpunkt des Lebens aus Gott!

VI. Wenn man Menschen zum Heiland locken will

Ludwig Hofacker wollte »Seelen zum Heiland locken«.[112] Das war sein Programm; denn dazu fühlte er sich durch Jesus verpflichtet.

In seiner Zeit und seiner Sprache hat er dasselbe zum Ausdruck gebracht, was Martin Luther in der »Vorrede zur Deutschen Messe« (1526) den »öffentlichen Anreiz zum Glauben« genannt hat.

Auch inhaltlich hielt sich Hofacker an von Luther Vorgegebenes: nämlich dass das Evangelium ein »Geschrei von der Gnade Gottes« ist, wie sie »erworben« ist »durch den Tod seines Sohnes Jesus Christus«. Dieser »Schrei« des Evangeliums soll mündlich so »ausgeschrien« werden, »dass man's überall hört«. Denn allein über dem Hören des so bekannt gemachten Evangeliums könne und wolle Gott Glauben wirken.

Weder Luther noch erst recht Hofacker gingen davon aus, dass die Hörer der Predigt lauter Christenmenschen seien. Luther wusste: »Unter dem Volke sind viele, die noch nicht glauben oder Christen sind.« Hofacker sagte: »Wer etwas predigt, wie wenn er lauter Christenmenschen vor sich hätte, der geht fehl!«

In einem entscheidenden Punkt jedoch ging Hofacker wesentlich weiter als Luther. Luther wollte Menschen zum Glauben anreizen, die »noch nicht« glauben. Hofacker jedoch wusste bis in seine letzten Tage hinein um die Gefahr, die »ausgestreckten Liebesarme Jesu zurückzuweisen«. Noch als Sterbender bekannte er: »Es

---

[112] Predigten, S. 42

ist noch viel Ungebrochenes bei mir, das sich nicht unter die Gnade beugen will.«[113]

Die Selbstgerechtigkeit jedoch sah Hofacker – schlimmer als die verderblichste Theologie – als *die* große Feindin des Glaubens an. Denn ein in Selbstgerechtigkeit verstrickter Mensch braucht keinen Heiland, keinen Erlöser, keinen Fürsprecher vor Gott. In solchem »Abfall vom lebendigen Gott, das heißt von Christus«[114], erkannte Hofacker das Brandmal des Unglaubens.

Gegen solchen Unglauben, geprägt von Selbstgerechtigkeit, hatte Hofacker nichts anderes aufzubieten als seinen »Schrei«, als seinen Evangeliumsschrei voll dringlichen Einladens hin zu Jesus. Er bestand in der Ermutigung zum Glaubenssprung, heraus aus der eigenen Gerechtigkeit und hinein in die Gerechtigkeit Jesu. Weil jedoch der Mensch lebenslang versucht bleibt zur Selbstgerechtigkeit, bleibt der »Anreiz zum Glauben« die bleibende Aufgabe der Verkündigung, es bleibt der Glaubenssprung eine bleibende Lebensaufgabe des Christen.

Ich möchte Jesus gewinnen! Ich will in Jesus erfunden werden. Ich verzichte bewusst auf meine eigene Gerechtigkeit! Vielmehr geht es mir darum, die Gerechtigkeit Jesu zu gewinnen! – Das hatte einst schon den Apostel Paulus umgetrieben (vgl. Phil 3, 8 ff.). Die Lebenszeugnisse Hofackers sind wie eine Variation über dasselbe Thema. »Ich möchte Jesus gewinnen!« Mit diesem Wollen war einst Paulus seinen Gemeinden vorangegangen. Bei Hofacker war es nicht anders.

»Jesus gewinnen! Und Jesus soll uns gewinnen!« Letztlich war dies das *eine* Thema aller Verkündigung Hofackers. Darum waren seine Predigten mehr thematisch ausgerichtet, als dass sie Auslegungen bestimmter Bibeltexte waren. Hofacker wollte weniger Schriftgelehrter und mehr Botschafter in Jesu Auftrag sein.

Dies alles machte den heiligen Ernst seines Predigens aus. Er wollte Jesus so vor Augen malen, dass er zu einem »Anreiz zum Glauben« werden konnte. Durch seinen Mund sollte Jesus selbst einladend werben. Seine Predigt sollte Jesus vergegenwärtigen!

---

[113] Knapp, S. 286
[114] Knapp, S. 109

Die meist große Zuhörerschaft war es nicht, welche den »Affekt« des Predigers Hofacker provozierte; vielmehr die hehre Aufgabe, Menschen eindringlich die unüberbietbare Liebe zu schildern, die ihnen im gekreuzigten Jesus begegnet. Darin bestand Hofackers »öffentlicher Anreiz zum Glauben«. Dafür sind die folgenden Zitate bezeichnend:

> »*Wenn man ... Seelen locken will zum Heiland, wie er selbst befiehlt, ... so kann man nicht anders: man muss eine Beschreibung von ihm vorausgehen lassen, damit die Menschen wissen, von wem man redet ...*
> *Aber wie soll man ihn beschreiben? Soll man in den Himmel hinauffahren und Christus herabholen? Soll man seine unaussprechliche Macht und Majestät, soll man den unermesslichen Umfang seines Königreiches und seiner Herrschaft, soll man den Gottesglanz, der ihn umgibt ... beschreiben? ... Dieses sind doch nicht seine Haupteigenschaften, welche die Apostel herauszuheben pflegen, wenn sie die Seelen zu seiner Gemeinschaft reizen und locken wollen ... Die Apostel predigen von Christus, dem Gestorbenen und Auferstandenen. Sie verkündigen, dass es eine Liebe gebe, die uns zuerst und bis zum Tode geliebt habe.*«[115]

> »*Aus Jesu Missetätergestalt bricht der Glanz seiner unendlichen Majestät am herrlichsten hervor, das bespeite Angesicht leuchtet heller als die Sonne. Sollten wir eine Vergleichung anstellen, so ist Jesus am anbetungswürdigsten am Kreuz, in seinen Wunden, wenn sich seine Züge im Tod entstellen, wenn er ausruft:* ›*Es ist vollbracht!*‹ *Da ist er anbetungswürdiger, als wenn der Vater zu ihm sagt:* ›*Setze dich zu meiner Rechten ...!*‹ *Anbetungswürdiger ist er in seinem Todesleiden als in seiner Lebensherrlichkeit. Warum das? Darum, liebe Zuhörer, weil hier sein* v o l l e s *Herz, seine* g r ö ß t e *Liebe geoffenbart ist, weil hier*

---

[115] Predigten, S. 42 f.

für die gefallene Kreatur Leben und Friede wehet, und weil wir nicht wüssten, wie wir mit ihm dran wären, wenn er sich nicht zu solchem Leiden erniedrigt hätte.«[116]

Hofacker wollte jedoch seinen Zuhörer nicht in ein Vorgestern entführen, wenn er ihnen den gekreuzigten Jesus schilderte. Schließlich wusste er sich selbst zusammen mit den Gemeindegliedern längst eingeholt von dem lebendigen Jesus, der als Auferstandener in der Kraft Gottes lebt. Der Jesus, zu dem Hofacker einlud, war kein anderer als der, der einst vor Jerusalem am Kreuz hing. Darum bezeugte er den einst für uns Gekreuzigten in seinem gegenwärtigen Handeln: Er segnet, er bittet, er liebt, er bringt zurecht!

Dieses gegenwärtige Handeln Jesu ist bei Hofacker komprimiert in einem viele Heutige fremdartig anmutenden Begriff, nämlich im Begriff des »Hohepriesters Jesus«. Albert Knapp hat es beschrieben, wie der von Krankheit gezeichnete Vikar Hofacker eindringlich in die große Zuhörerschaft hineingerufen hat: »Einen solchen Hohepriester müssen wir haben!«

Aber war denn dies »populär«, war denn dies »einfach«? Diese Grundregel hatte doch Hofacker für rechte Jesus-Verkündigung aufgestellt! War dies nicht eher eine biblische Geheimsprache für Eingeweihte? War das nicht Sprache Kanaans in Hochform?

Wer so fragt, muss erst recht auf Hofackers Predigten hören, und zwar genau dort, wo er vom »Hohepriester Jesus« spricht. Dabei kann deutlich werden: Hofacker hatte die, wie er selbst sagte, »für einen Prediger höchst erwünschte Gabe, sich mit einer besonderen Art von Fantasie in die Seelenzustände anderer Menschen versetzen« zu können. Als Seelsorger wusste er um das menschliche Sehnen nach einem verlässlichen Beistand, der unbeirrt am Eintreten bleibt und dessen Fürsprache Entscheidendes bewirken kann. Einen solchen Beistand und Fürsprecher bot Hofacker den Menschen mit dem »Hohepriester Jesus« an:

---

[116] Predigten, S. 470

»Was ist ein Priester? Ein Priester ist derjenige, der für andere vor Gott, den Herrn, tritt, den die Liebe (diese ist ja das Element des Priestersinnes) treibt, zu erscheinen vor dem Angesicht Gottes für andere, für Bekannte und Unbekannte, für Bekehrte und Unbekehrte, ja für die ganze Welt. So ist Jesus Christus ein Priester gewesen. Als Priester hat er sich bewiesen, da er für Simon Petrus bat, ... dass sein Glaube nicht möchte aufhören ... Als Priester hat er sich bewiesen, da er am Kreuze noch für seine Feinde bat: ›Vater, vergib ihnen, denn sie wissen nicht, was sie tun!‹ Ja jetzt noch ist er ein Priester ... und führet unsere Sache.«[117]

»Als Hohepriester ... bittet der Heiland für uns. Er ist unser Fürsprecher beim Vater. Er führt unsere Sache beim Vater. So hat er sich schon als Hohepriester gezeigt in den Tagen seines Fleisches (Joh 17), so am Kreuze, als er für seine Feinde bat, so hat er ein Gleichnis gegeben am Feigenbaum, den der Herr auf die Bitte des Gärtners noch stehen ließ. Ach, wie groß und wichtig muss uns dieses hohepriesterliche Geschäft des Heilandes sein! Siehe, daher kommt die Geduld und Langmut Gottes mit dir! Daher kommt's, dass du nicht schon längst weggemäht bist aus dem Garten Gottes wie ein verdorrtes Gras. Dein Hohepriester hat für dich gebeten: Ach, Vater, vergib ihm, habe noch Geduld mit ihm, lass ihn noch stehen ... Ach, welche Treue! Welches Erbarmen! Siehst du denn dem Heiland noch nicht in sein Herz hinein ...? Bist du denn noch unverständig? Bist du noch imstande, ihn weiter zu beleidigen? Du fluchst, er segnet; du sündigst, er bittet; du hassest, er liebt; du gehst in der Irre, er will dich zurechtbringen und selig machen!«[118]

Auf diesen seelsorgerlichen Ton war Hofackers »Locken« zum Heiland hin gestimmt! So sah sein »Anreiz zum Glauben« aus!

---

[117] Predigten, S. 340
[118] Predigten, S. 425

»Wir haben einen Hohenpriester«, das war ihm wirklich die »Hauptsache« (vgl. Hebr 8,1). Zur »Rechten Gottes« ist der Christus, der »gestorben ist, ja vielmehr, der auch auferweckt ist ... und für uns eintritt« (vgl. Röm 8,34).

Über den Erweckungsprediger Hofacker persönlich erfahren wir aus seinen Predigten eigentlich gar nichts. Er tritt als Verkündiger mit seiner Person bewusst zurück, um um so mehr den gekreuzigten Heiland in seiner ganzen Zuneigung zu den Menschen herausstellen zu können. Darin ist Hofackers Verkündigung bis heute Erweckungspredigt, evangelistische Predigt im besten Sinn.

Hofacker wies die Zuhörer von sich weg – hin zu Jesus! Hofacker versuchte die Menschen zu befreien von sich selbst: von ihrer selbst gesuchten Frömmigkeit, von ihrer nur eingebildeten Selbstgerechtigkeit, von ihren erträumten Hoffnungen auf bessere Zeiten und auf hilfreiches Tun; er wies sie weg von sich selbst – hin zu Jesus!

»Der Heiland ist's, der alles macht!« »Man muss das der Welt sagen; sie glaubt es nicht mehr!«[119]

Darauf beschränkte sich der »Schrei« Hofackers. Darin bestand seine »Einseitigkeit«: In der Konzentration auf den Ruf: »Jesus ... ist der rechte Beschützer! Setzt euer Vertrauen auf den rechten Mann! Er wird die Sache seines Reiches im Großen und Kleinen, ja auch an euch herrlich hinausführen!«[120] Darum: Vor allem Jesus!

---

[119] Predigten, S. 424
[120] Predigten, S. 424

VII. Hofackers Leben in Kurzdaten

15. 4. 1798	In Wildbad/Schwarzwald geboren als Pfarrsohn
Herbst 1798	Der Vater wird nach Gärtringen versetzt
Frühjahr 1811	Der Vater wird Pfarrer in Öschingen
Frühjahr 1812	Konfirmation Hofackers in Öschingen
Sommer 1812	Der Vater wird vom König zum Stadtpfarrer an der Stuttgarter Leonhardskirche und zugleich zum Dekan des »Amtes Stuttgart« ernannt
1812/13	Hofacker besucht das unter Leitung von Rektor Reuß stehende Pädagogium Esslingen
13. Oktober 1813	Ludwig Hofacker wird in das »niedere theologische Seminar« Schöntal/Jagst aufgenommen
Sommer 1814	Mit seinem Seminarjahrgang (Promotion) rückt Hofacker in das Seminar Maulbronn auf
Herbst 1816	Beginn des Studiums in Tübingen (Ev. Stift). Als »Bruder Lustig« in der Verbindung »Solidia«. Wiederholt Karzerstrafen und »Einträge« in den Personalakten.
Sommer 1818	Magisterexamen.
Herbst 1818	Beginn der »Wende«; selbstauferlegte Askese.
Sommer 1819	Hineinfinden in pietistischen Studentenkreis und in »Stunden« Tübinger Handwerker und Weingärtner.
Sommer 1820	Theologisches Abschlussexamen.
18. 8. 1820	Totaler körperlicher Zusammenbruch in Tübingen.

September und Oktober 1820	Schwerkrank im Stuttgarter Elternhaus.
4.-20. 11. 1820	Kurzes Vikariat Stetten/Remstal.
21. 11. 1820	Als Krankheitsvikar nach Plieningen berufen. (Hofacker: »Mein Äußeres kommt mir nicht wenig zustatten.« Er gibt seine Länge mit »6 Fuß, 2 Zoll« an, also etwa 185 cm. »Aber ich kann mein Amt nur mühsam versehen.«)
Mitte Januar 1821	Wegen Krankheit kann Hofacker keinen Dienst mehr tun. März 1821 bis Spätherbst 1822 Hofacker schwer krank im Elternhaus in Stuttgart. Ab Spätherbst 1822 Erste Versuche, dem Vater Krankenbesuche und Beerdigungen abzunehmen.
Winter 1822	Schwerer Schlaganfall des Vaters (gestorben 27. 12. 1824).
Januar 1823	Ludwig Hofacker wird als Krankheitsvikar an die Stuttgarter Leonhardsgemeinde bestellt.
31. 1. 1823 bis Februar 1825	Predigt- und Seelsorgetätigkeit Hofackers in Stuttgart.
Februar 1825	Dienstunfähigkeit wegen Wiederaufflammens der nervlichen Belastungen. Das Konsistorium lehnt ein von hunderten Stuttgarter Bürger unterstütztes Gesuch ab, Ludwig Hofacker auf die II. Pfarrstelle an der Leonhardskirche zu erennen. Vergebliche Kuren in Bad Teinach, Gais, St. Moritz. Im Spätherbst 1825/26 kommt Hofakker durch ein »Nervenfieber« in Todesnähe.
1. 7. 1826	Hofacker wird die Pfarrstelle Rielingshausen übertragen. Schon wenige Wochen nach dem Umzug dorthin wird erneute Kur nötig (Neustadt bei Waiblingen).
Advent 1826	Amtseinsetzung Hofackers in Rielingshausen.
24. 2. 1827	Amputation des linken Ringfingers, trotzdem Fortschreiten der Tuberkulose.

21. 5. 1827	Hofackers Mutter, die ihm den Pfarrhaushalt versorgt hat, stirbt plötzlich. Hofacker kann wegen zunehmender Atemnot nur noch selten predigen.
Ostern 1828	Letzte Predigt Hofackers.
18. 11 1828	Nach schwerem Leiden stirbt Hofacker und wird am 22. 11. 1828 im Grab der Mutter auf dem Friedhof Rielingshausen beerdigt.

LITERATUR

a) Quellen

M. Ludwig Hofacker, Predigten für alle Sonn-, Fest- und Feiertage, 49. Auflage, Stuttgart 1930
Ludwig Hofacker, Ein Schrei für Jesus, 365 Andachten, Neuhausen-Stuttgart 1989
Albert Knapp, Leben von Ludwig Hofacker, 2. Auflage, Heidelberg 1855
Heinz Schäfer, Hofacker-Brevier, Wuppertal und Zürich 1989

b) Sekundärliteratur

Erich Beyreuther, Ludwig Hofacker (Bildbiografie), Wuppertal 1988
Helmut Bornhak und Alfred Ringwald, Ludwig Hofackers Ruf, Stuttgart 1966
Wilhelm Claus, Von Brastberger bis Hofacker, Württembergische Väter, Band II, Calw und Stuttgart 1888
Hans Hermann Enslin, König Wilhelm I. von Württemberg, Privatdruck Weinstadt, 1997
Ako Haarbeck, Ludwig Hofacker und die Frage nach der erwecklichen Predigt, Neukirchen 1961
Friedrich Hauß, Erweckungspredigt, Bad Liebenzell 1967
Heinrich Hermelink, Geschichte der Evangelischen Kirche in Württemberg, Stuttgart und Tübingen 1949
Carl Kapff, Lebensbild von Sixt Carl v. Kapff, Stuttgart 1881
Karl Müller, Die religiöse Erweckung in Württemberg am Anfang des 19. Jahrhunderts, Tübingen 1925
Arno Pagel, Ludwig Hofacker, Gottes Kraft in einem Schwachen, Marburg 1959
Werner Raupp, Ludwig Hofacker und die schwäbische Erweckungspredigt, Gießen/Basel 1989

Gerhard Schäfer, Ludwig Hofacker und die Erweckungspredigt in
    Württemberg, in: Bausteine zur geschichtlichen Landes-
    kunde von Baden-Württemberg, Stuttgart 1979, S. 357-379
Martin Scharfe, Die Religon des Volkes, Gütersloh 1980
Rolf Scheffbuch, Ludwig Hofacker – der Mann, die Wirkung, die
    Bewegung, Neuhausen-Stuttgart 1988
Werner Schmückle, Evangelisation in Württemberg – gestern und
    heute, in: Missionarische Dienste Nr. 128, Stuttgart 1996
Theo Sorg (Hrsg.), Leben in Gang halten, Metzingen 1980
Franziska Stocker-Schwarz, Bildhafte Sprache in der Erweckungs-
    predigt Ludwig Hofackers, Stuttgart 1990 (Manuskript)
Friedrich Traub, Die Stiftsakten über Ludwig Hofacker, in: Blätter
    für Württembergische Kirchengeschichte 1929, S. 165 ff.
Karl Werner, Christian Gottlob Barth, Leben und Wirken, Stuttgart
    1865
Imgard Weth, Das Wort und Christus in dem Wort, Metzingen 1969
Otto Ziegler, Theologische Beobachtungen an der Erweckungspre-
    digt Ludwig Hofackers, in: Festschrift für Gerhard Hennig
    (vervielfältigtes Manuskript), Stuttgart 1988

BILDNACHWEIS

Für Mithilfe, Beratung und Überlassung von Vorlagen wird gedankt

Württembergische Landesbibliothek Stuttgart: 1; 5-9; 22-24
Stadtarchiv Stuttgart: 12
Deutsche Bibelgesellschaft Stuttgart – Beratung
Ev. Stift Tübingen: 11
A. Benzinger, Gärtringen: 21
I. Hahn, Öschingen: 3

Den oben genannten Einrichtungen wird ebenso gedankt wie Herrn Fotograf Rainer Trunk für die Reproduktionen aus Privatbesitz (2, 4, 10, 13-20, 25-28)

hänssler

Das Andachtsbuch von Ludwig Hofacker

Ludwig Hofacker
Ein Schrei für Jesus
365 Andachten
Gb., 11 x 17 cm, 600 S.,
Nr. 392.767
ISBN 3-7751-2767-4

»Ich wollte einen Schrei tun für Jesus!«, sagte der schwäbische Erweckungsprediger 1828 auf dem Sterbebett, nachdem er vier Jahre intensiv öffentlich gewirkt hatte.
Aus seiner völligen Hingabe zu Jesus entstanden tiefsinnige Andachten und fürs Herz gesprochene Gebete. Das aus dem vorigen Jahrhundert stammende Andachtsbuch wurde behutsam dem heutigen Deutsch angeglichen.

Bitte fragen Sie in Ihrer Buchhandlung nach diesem Buch!
Oder schreiben Sie an den Hänssler-Verlag, Postfach 12 20,
D-73762 Neuhausen.